日本をもう一度
ブッ壊す
小泉純一郎
元総理
守護霊メッセージ

大川隆法
Ryuho Okawa

まえがき

日本の針路《しんろ》をもう一度再確認するため、過去の総理の霊言や、守護霊メッセージを収録している。

小泉元総理は、まだご存命《ぞんめい》でお元気ではあるが、ある意味、政界周辺を幽霊のように徘徊《はいかい》しておられるので、小泉政治に補助線《ほじょせん》を引いて、今の安倍政治と対比することで、日本の現代政治の問題点が浮き彫《ぼ》りになるだろうと本書を企画した。

私のほうが意識したのは、「小泉郵政改革」とは何だったのか。「自民党をブッ壊す」とは何だったのか。「小泉好景気」とは何だったのか。そして、「ワン・フレーズ・ポリティクス」─「劇場型《げきじょうがた》政治」と、現在の「アベノミクス」、「安倍外交」との対比だ。前々回《ぜんぜんかい》の東京都知事選で、細川元首相を応援して、「原発反対」を訴えた、

「元・原発推進派」の小泉氏の本音もきいてみたかった。
さあ、日本はもう一度「ブッ壊す」ことができるだろうか。

二〇一六年　十二月二十二日

幸福《こうふく》の科学《かがく》グループ創始者兼総裁《そうししゃけんそうさい》
幸福実現党創立者兼総裁《こうふくじつげんとうそうりつしゃけんそうさい》
大川隆法《おおかわりゅうほう》

日本をもう一度ブッ壊す　小泉純一郎元総理守護霊メッセージ　目次

日本をもう一度ブッ壊《こわ》す
小泉純一郎《こいずみじゅんいちろう》元総理守護霊《しゅごれい》メッセージ

二〇一六年六月十日　収録
幸福の科学　特別説法堂《せっぽうどう》にて

「霊言現象《れいげんげんしょう》」とは、あの世の霊存在の言葉を語り下ろす現象のことをいう。これは高度な悟《さと》りを開いた者に特有のものであり、「霊媒現象《れいばい》」（トランス状態になって意識を失い、霊が一方的にしゃべる現象）とは異なる。

また、人間の魂《たましい》は原則として六人のグループからなり、あの世に残っている「魂のきょうだい」の一人が守護霊《しゅごれい》を務めている。つまり、守護霊は、実は自分自身の魂の一部である。したがって、「守護霊の霊言」とは、いわば本人の潜在《せんざい》意識にアクセスしたものであり、その内容は、その人が潜在意識で考えていること（本心）と考えてよい。

なお、「霊言」は、あくまでも霊人《れいじん》の意見であり、幸福の科学グループとしての見解と矛盾《むじゅん》する内容を含《ふく》む場合がある点、付記しておきたい。

日本をもう一度ブッ壊《こわ》す
小《こ》泉《いずみ》純《じゅん》一《いち》郎《ろう》元総理守《しゅ》護《ご》霊《れい》メッセージ

二〇一六年六月十日　収録
幸福の科学 特別説法堂《せっぽうどう》にて

小泉純一郎《こいずみじゅんいちろう》（一九四二〜）

政治家。神奈川《かながわ》県出身。慶應義塾《けいおうぎじゅく》大学経済学部卒業。一九七二年の総選挙で初当選。厚生大臣、郵政大臣等を歴任した後《のち》、二〇〇一年に首相に就任。靖国《やすくに》神社を公式参拝《さんぱい》し、翌年には、日本の首相として初めて北朝鮮《きたちょうせん》を訪問、首脳会談を実現した。また、内政では郵政事業民営化を持論とし、二〇〇五年四月に郵政民営化関連法案を国会に提出するも、与党《よとう》議員の造反で参議院で否決されると衆議院を解散。九月の総選挙では郵政民営化を最大の争点に掲《かか》げ、大勝を果たす。同法案を再提出し、同年十月に成立させた。二〇〇九年、政界を引退。

質問者　里村英一《さとむらえいいち》（幸福の科学専務理事〔広報・マーケティング企画《きかく》担当〕兼《けん》ＨＳＵ講師）
綾織次郎《あやおりじろう》（幸福の科学常務理事 兼「ザ・リバティ」編集長 兼 ＨＳＵ講師）
飯田知世《いいだともよ》（幸福の科学宗務《しゅうむ》本部第二秘書局主任）

［質問順。役職は収録時点のもの］

1　五年間総理を務めた小泉純一郎《こいずみじゅんいちろう》氏の守護霊《しゅごれい》に本音を訊《き》く

二十一世紀初頭において、かなりの成功を収めた小泉内閣

大川隆法　歴代首相の霊言《れいげん》をだいぶ録《と》りましたので、少し気にはなっていたのですが、最近、長期政権を担《にな》った方として、小泉純一郎《こいずみじゅんいちろう》さんがいます（注。これまでに、岸信介《きしのぶすけ》、池田勇人《いけだはやと》、佐藤栄作《さとうえいさく》、田中角栄《たなかかくえい》、三木武夫《みきたけお》、福田赳夫《ふくだたけお》、大平正芳《おおひらまさよし》、竹下登《たけしたのぼる》、宮澤喜一《みやざわきいち》、橋本龍太郎《はしもとりゅうたろう》、小渕恵三《おぶちけいぞう》、ほか歴代首相の霊言を多数収録している）。今もご存命で、七十四歳《さい》とのことです。そこで、守護霊の意見を聞いてみたいという気持ちを持っています。

というのも、おそらく、二十一世紀初頭の内閣としては、かなり成功なされたほ

うかなと思うのです。五年以上の長期政権でしたが、小泉さんが首相になる前に、それだけ長くやると思った人は、おそらくいなかったのではないでしょうか。しかし、それをやってのけたわけです。

傍目《はため》には、短気で喧嘩《けんか》っ早《ぱや》い感じの方だったので、「すぐに終わるかな」と思っていましたし、イメージ的にも、厚生大臣あたりを長くやっていたような感じが強くて、総理大臣向きの方のようには見えませんでした。

これまでに発表された歴代首相の霊言（一部）

●「戦後最長と言われる好景気を持続した」　2009年1月、有識者で構成する「景気動向指数研究会」は、「小泉政権下の2002年2月から始まった景気拡大は、2007年11月から後退局面に入った」と判定。その期間は5年9カ月で、高度成長期の「いざなぎ景気」（4年9カ月）を上回る戦後最長の好景気となった。

また、普通《ふつう》は、だいたい一年か二年ぐらいで終わりの人が多いので、同じように思っていたのですが、総理の椅子《いす》に座《すわ》ってみると、意外に、五年以上の長期政権となったわけです。

しかも、実感としてはそれほどでもないのですが、ある意味では、「戦後最長と言われる好景気を持続した」と言われています。非常にわずかなものではあると思いますけれども、「神武《じんむ》景気」や「岩戸《いわと》景気」以来の好景気が長く続いたと言われているのです。

このあたりはよくは分かりませんが、その前の九〇年代後半が悪すぎたので、それと比べれば、安定的成長期に入ったかに見えました。

ただ、小泉さんが辞《や》めてからあとに、リーマン・ショックがあったりして、十年ぐらい、そうとうガタガタ揺《ゆ》れているように思います。

●**神武景気**　1954年12月から1957年6月まで（2年7カ月）続いた大型好景気のこと。日本の高度経済成長の先駆けとされる。神武天皇即位以来、例のない好景気ということから、このように命名された。

●**岩戸景気**　1958年7月から1961年12月まで（3年6カ月）続いた大型好景気のこと。神武景気を上回ることから、神武天皇即位より遡《さかのぼ》り、天照大神《あまてらすおおかみ》の天岩《あまのいわ》戸《と》神話にちなんで名付けられた。

安倍《あべ》総理への不満を表した二〇一四年の都知事選

大川隆法　さて、小泉さんが二〇〇一年から二〇〇六年まで首相を務め、それから十年がたちました。

その間に、安倍《あべ》（晋三《しんぞう》）さんが首相を務め、体調を悪くして辞めたあとは、福田康夫《やすお》さん、麻生太郎《あそうたろう》さんと続いたわけです。それから民主党政権が三代続いて（鳩《はと》山由紀夫《やまゆきお》氏・菅直人《かんなおと》氏・野田佳彦《のだよしひこ》氏）、安倍さんがもう一回返り咲《ざ》いています。

そういう意味で、累計《るいけい》すれば、安倍さんもだんだん長期政権になってきつつあって、小泉さんは、それを非常に気にしているのではないでしょうか。

また、党役員の経験がまったくない安倍さんを、いきなり幹事長に抜擢《ばってき》したのが小泉さんであるので、「自分が抜擢してやったのに」という感じもあるのかもしれません。

ただ、総理の椅子に座ると言うことをきいてくれなくなるのは、いつものとおり

●リーマン・ショック　2008年9月15日、アメリカ第4位の投資銀行リーマン・ブラザーズの経営破綻をきっかけに起きた金融危機。『朝の来ない夜はない』（幸福の科学出版刊）参照。

で、十年ほどたって、多少、苦々《にがにが》しく思っているのかなという印象はあります。

それがはっきり表れたのは、前回（二〇一四年）の東京都知事選のときでしょう。小泉さんは細川護熙《ほそかわもりひろ》元首相を立て、応援《おうえん》弁士としてツーショットで一緒《いっしょ》にやっていました。

ところが、ほとんどのテレビ局では、「二人が並んでいる映像を映さない」というような、〝小泉隠《かく》し〟をやっていたのです。

これは想像ですが、今の官邸《かんてい》のマスコミ操縦術から見ると、「元総理が二人映るとインパクトが強すぎる」という論法で、並んで映さないように圧力をかけたのかもしれません。細川さんを映しても、小泉さんは映さないようにしたりして、彼らが「環境論《かんきょう》」や「原発

2014年2月の東京都知事選に出馬した細川護熙元首相（写真左）の応援に駆けつける小泉元首相。

反対論」等を中心に言って、巻き返そうとしていたのに対し、そうさせないような力が働いたようには見えました。

やはり、このあたりを不満に思っているようには感じます。

本心が分からない「トリックスター」的な面がある

大川隆法　なお、「原発反対」のところは、本心がどうなのかは分かりません。「反対のための反対」で言っているだけなのか、本心なのか、分からないところがあります。

また、経済政策についても、安倍首相が「アベノミクス」と言って、自分の名前を冠《かん》して世界に発信しているので、「そんなことだったら、『コイズミノミクス』とか言っておけばよかった」と思っているかもしれません。

里村　（笑）

大川隆法　おそらく、これについては、何か異論があるのではないでしょうか。

　それから、靖国参拝《やすくにさんぱい》をなされた方でもあるので、基本的な政治スタンスは、（安倍首相と）そう変わるとは思わないのですが、中国や北朝鮮《きたちょうせん》との関係についてどう考えているのかも気になるところです。ちなみに、●北朝鮮に対しては、多少、スタンドプレー的なことをされたようには思います。

　なお、いちばんよく分からないのは、「郵政解体の問題」をライフワークのようにしてやっていたところです。郵政大臣を務めていた方なのに、「郵政を解体することこそ、日

小泉首相は2001年自民党総裁選での公約に「毎年の靖国参拝」を掲げ、実際に2006年までの任期中は毎年参拝を続けたが、初年度に「内閣総理大臣小泉純一郎」と記帳、献花したこと等を問題視する人々が全国各地で提訴するなど、信教の自由や政教分離についての議論が沸き起こった。

●北朝鮮に対しては……　2002年9月17日、小泉首相は電撃的に平壌《ピョンヤン》を訪問。北朝鮮の金正日《キムジョンイル》国防委員長（当時）と日朝首脳会談を行い、両者は「日朝平壌宣言」に署名した。この会談で5名の拉致被害者が日本に帰国した。

本の改革だ」という感じで、これを目玉にして、ものすごく攻撃《こうげき》し続けていました。ただ、郵便局長の組合か何かの勢力は、百万人ぐらいに相当するという説もあって、自民党のかなり強力な圧力団体の一つだったと思います。それを固定票として捉《とら》えていた面があったと思うので、抵抗《ていこう》は内部的にもそうとうあったのではないでしょうか。

そういう意味で、小泉さんには、「あえて敵をつくり、そこに脚光《きゃっこう》を浴びさせて、ドン・キホーテ的な自分の姿勢を見せ、マスコミの喝采《かっさい》を浴びる」という、今のドナルド・トランプさんにもつながるような「トリックスター」的な面が、けっこうあったのかなと思います。

「参議院で自分の言っている郵政民営化法案が通らなかったので、怒《おこ》って衆議院を解散した」という、目茶苦茶《めちゃくちゃ》なことをされていましたよね。

里村　（笑）

●参議院で……　2005年8月8日、参議院本会議で郵政民営化法案が否決された。それを受けて、小泉首相は衆議院を解散した（郵政解散）。総選挙の結果、与党は衆議院で3分の2超の議席を獲得した。

大川隆法　これは、非常に珍《めずら》しいことであり、子供じみた暴《あば》れ方のようにも見えましたけれども、ある意味、〝奇襲《きしゅう》〟といえば〝奇襲〟だったでしょう。「参議院が言うことをきかないので、衆議院を解散する」というようなことをやって、それで大勝してしまいましたが、「マスコミの話題好きなところを、実に上手《じょうず》に狙《ねら》った」と言えるのかもしれません。

そういう意味で、今のトランプさんのやり方にも、少し通じるものを持っているように思います。

あるいは、ご長男（小泉孝太郎《こうたろう》氏）が俳優をされていますので、父親にもそういう素質がおありなのでしょう。カメラの前で演じるのが、〝役者肌《はだ》〟でお上手なところがあって、それで、大衆操作はかなりできたのかなという感じがします。

なかでも〝傑作《けっさく》〟の一つは、自民党総裁のくせに「自民党をブッ壊《こわ》す」と言って、やっていたところでしょう。「自民党を敵にするポーズを見せつつ、支持率を上げる」という、まことに珍しい方法を取っていたわけです。

ところが、自民党の議員らは悪者にされながらも、なぜか小泉首相の支持率が上がるので、「ついていけば得をする」という変なスタイルで人気を取っていました。

ただ、このあたりも、ポピュリズム、もしくは、間違《まちが》えればファシズムに似たような手法に見えなくもありません。

ともかく、少し分かりにくいところのある方ではあります。

お世話から選挙対策まで仕切っていた姉の存在

大川隆法　小泉さんの個人的なところについて述べると、早いうちに、学生だった女性と〝できちゃった婚《こん》〟をしています。

ところが、「お嬢《じょう》さん育ちのあの人では、政治家の妻は務まらない。選挙を仕切れないから駄目《だめ》だ」ということで、小泉さんのお姉さんに離婚《りこん》させられたようです。

その際、長男、次男は小泉さんのほうで引き取って、三番目の子供は奥《おく》さんのほうが連れていくかたちになりました。ただ、最近では、奥さんだった方もメディアに出ることがあるようです。

ともかく、そのようなかたちで奥さんと別れて、あとは独身のままでいたと思います。それで、お姉さんが奥さん役のような感じで、お世話から選挙対策まで仕切っていた感じには見えました。

このあたりについてもよく分からないのです。政治家の家系なので、何か、「政治家の妻としてあるべきスタイル」というものがあって、それにふさわしくなかったということを強硬《きょうこう》に貫《つらぬ》かれたのかもしれません。

なお、小泉さんが首相になって首相公邸に入られたときに、「奥さんがいなきゃ大変でしょう」と言って、荷物をトラックに詰《つ》めて公邸のほうに向かって突撃《とつげき》してきた独身の妙齢《みょうれい》の方がいたそうです。そして、それを食い止めようとする場面が放送されたこともありました。「独《ひと》りだったら大変でしょう？」という感じで、荷物

還暦を機に、30数年間の沈黙を破り、雑誌インタビューに応じた小泉氏の元妻（「いきいき」2016年4月号）。

を持って押《お》しかけてくるというのは、役者であれば面白《おもしろ》いかもしれませんが、そのような〝珍妙《ちんみょう》な景色〟がありました。

もっとも、首相のときは別でしょうが、国会議員だったときは、独身なので東京駅の地下のレストランで一人でご飯《はん》を食べて、神奈川《かながわ》のほうに帰ったりするようなことがよくあったそうです。それでも気がつかない人が多かったと言われていました。

ただ、そのような孤独《こどく》な時間を持っていた方で、ときどき教養のあることを話すこともあるので、おそらく勉強もよくされていたのではないでしょうか。

そういう意味では、変わったところがある方で、〝生態観察〟としては、まだ十分に分かりかねるところはあります。

どのような効果があったのかよく分からない「郵政改革」

大川隆法　なお、「郵政改革」がいちばんのメインだったと思うのですが、あれはよかったのか、悪かったのか、どんな効果があったのか、結局よく分かりません。

里村　はい（笑）。

大川隆法　郵政省を目の敵《かたき》にしていた理由として、個人的怨恨《えんこん》があるのか、何か侮《ぶ》辱《じょく》されたのか、よほど腹が立つようなことがあったのか。なぜ郵便局をそんなに憎《にく》むのか分からないのです。

ただ、地方の出身者からすれば、郵便局というのは一定の安定勢力だと思います。だいたい銀行が出しにくいところに郵便局があり、便利ではありました。それなのに、なぜそこまで民営化にこだわったのでしょうか。

なお、一般《いっぱん》的には、郵便局を民営化すれば、採算が取れなくて潰《つぶ》れるだろうと思います。山のなかまで配達してくれたりするのは郵便局ぐらいでしょうから、田舎《いなか》のおじいさん、おばあさんが、みな不便になるわけです。それでよくなったのかどうかは、私も今は田舎に住んでいないので分かりません。

ただ、郵便貯金は、おそらく銀行よりも大きなものだったと思います。銀行業界として認識されていない郵便貯金が、非常に巨額《きょがく》な資金を貯《た》めていたわけです。これが財政投融資《とうゆうし》に使われて、第二の予算として、そうとう大きなパワーを振《ふ》るっていたのではないでしょうか。

このあたりに、国家の財政のコントロールが十分に利《き》かない部分があったのではないかと思っています。

国税庁を通じて入ってきた通常の税金は、「一般会計」として財務省の主計局で予算が組まれ、〝ばら撒《ま》かれ〟ますけれども、これ以外の予算として「特別会計」というものがあります。つまり、各省が独自に持っている税金の部分もあるのです。例えば、道路関係の税金は国交省に入ります。また、一般的には税金と認識されていないかもしれませんが、厚労省は「年金」等の財源を使って、グリーンピア（年金保養施設《しせつ》）をたくさん建てまくったりしていました。これは、ある意味では、国庫の税金から支出したお金で、建設省あたりを通じていろいろなものを建てたりするのと同じようなことができていたということでしょう。年金を流用して、そのようなこともしていたわけです。

それから、「郵便貯金のお金を『運用』と称《しょう》して、いろいろなところに投資に使われたりすると、全体としてはどうなっているのか、どんぶりのなかでどうなっているのか分からない」という面はあったのではないかと思います。

幸福実現党の主張のとおり「リニアの推進」を始めた政府

大川隆法　また、郵政三事業（郵便・郵便貯金・簡易保険）を解体、民営化したため、財投（財政投融資）はなくなったのかと思っていたのですが、今日（二〇一六年六月十日）の新聞には、それに相当するものがあるというようなことが出ていました。一種の国債《こくさい》に代わるようなものとして公的機関の債券を買うという、財投の仕組みは残っていて、やっているようなのです。

そして、その財投の金利も、年〇・一パーセントだったところを、〇・〇一パーセントまで下げるというようなことを言っています。さらに、これは今の安倍さんの仕事だと思いますが、リニアモーターカーの推進のために、年〇・〇一パーセントの財投を使って、三兆円ほどの融資を考えているそうです。これは、「ゆうちょ系統」のものだと思われます。

ただ、これに関しては、「三兆円」という規模はやや小さいものの、以前、幸福実現党が言っていたようなことを、また〝まねされて〟いるようにも見えます。「あれ？　去年か、もう少し前ぐらいに、幸福実現党が言っていたような気がするな」と思うところはあります。

里村　（笑）はい。

大川隆法　確か、幸福実現党が、「リニアに予算をもっとどんどん使えばいいのに」

と言っていた記憶《きおく》があるのですが、いつの間にか、規模は小さいものの、政府も「金利を〇・〇一パーセントにして融資してもよい」と言っているのです。「一兆円を借りても金利は一億円しか払《はら》わなくて済む」ということで、長期の大型投資には向いているわけですね。

民間がお金を使ってくれないので、政府が金利の引き下げをするというようなことが、今日の新聞には書いてありました。

里村　（笑）

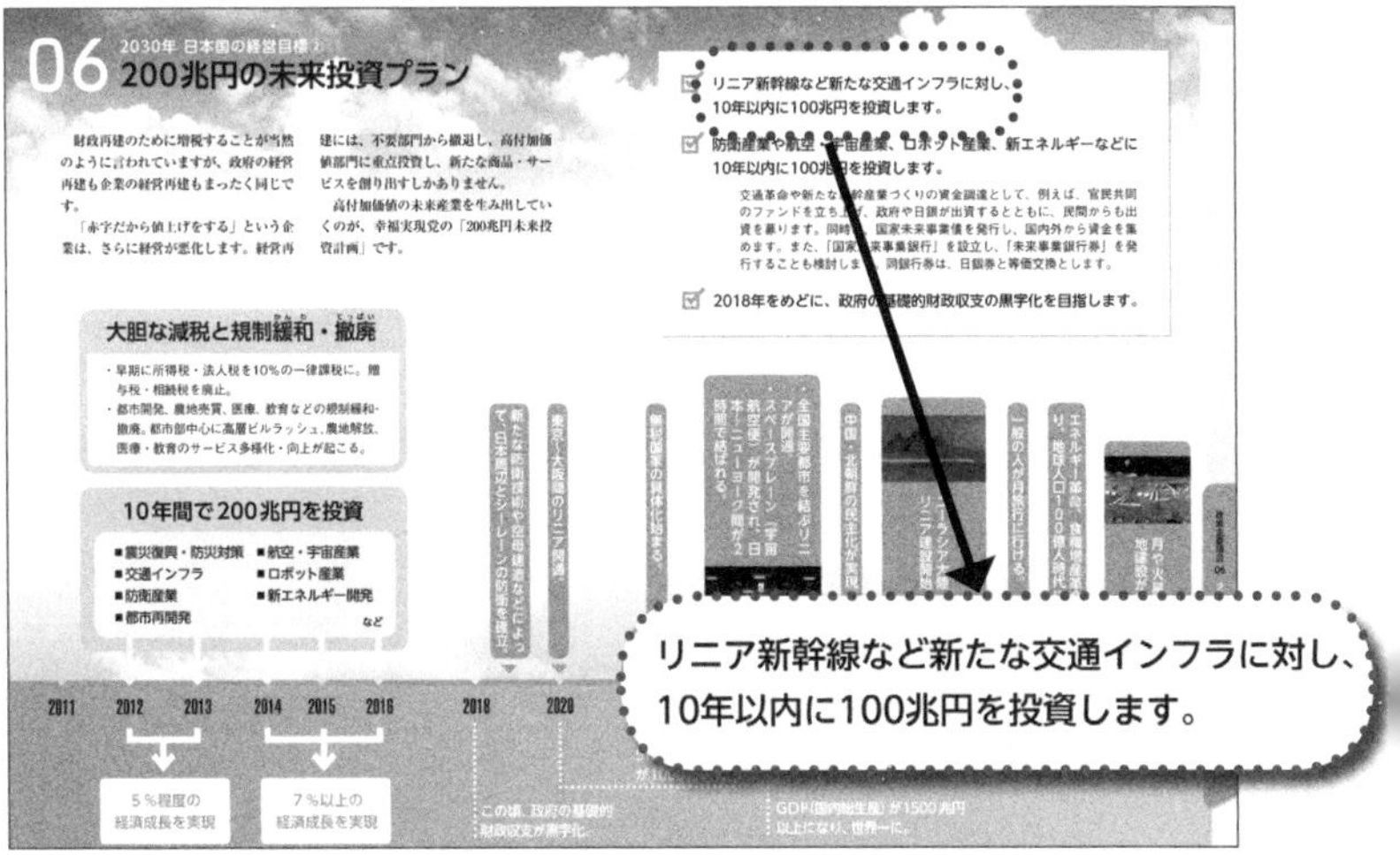

幸福実現党は、2009年の立党以来、国内外におけるリニア鉄道推進を訴えてきた（上：「幸福実現党主要政策」2011年7月版より）。

大川隆法　幸福実現党の政策はよく〝パクられる〟ので、気をつけないといけないとは思っています。

ただ、結局、郵政改革にはどのような効果があったのか、私にはさっぱり分からないので、地方の人にでも訊《き》いて回らないと、何とも言えません。報道もあまりされていませんし、その後のことなどについては、私もよく分からないので、知っていたら教えてください。

そういうこともあり、今日の質問者には、いつものお二人（里村と綾織）に加え、飯田知世《いいだともよ》さんを呼んでみました。

この人は「軍事」の〝専門家〟であり、特に、台湾《たいわん》を中心とする台湾海峡《かいきょう》系のシーレーンについての〝専門家〟です。また、セブン‐イレブンを中心とするコンビニなどのマーケティング理論についても精通《せいつう》し、さらには、「宰相学《さいしょうがく》」を学んでおられて、歴代首相の業績についてはつぶさに勉強をなされているようです。

飯田　（笑）

大川隆法　〝将来の女性宰相〟を目指して、勉強すべきことはしているとのことであるので、（里村と綾織に）あなたがたのほうがマンネリ化している場合のことも考えたのと、「女性としてよく分からない部分」に対する質問もあるかもしれないと思い、入れてみました。

ただ、「主に女性向けの質問を」と想定していたら、意外に、それとは関係なく男性分野にも斬《き》り込《こ》んでいくかもしれません。「軍事オタクとしては本格派」と聞いています。幸福実現党の釈《しゃく》党首も、一目《いちもく》も二目も置いているとのことなので、何か違いが出せればよいかなというところです。

小泉元総理は現政権を最もシビアに見ている人

大川隆法　今は参議院選挙前ですけれども（収録当時）、結局、安倍政権は、何の新しみもないことをしようとしていますし、「今までの業績を肯定《こうてい》せよ」というだけの選挙のようにも見えます。

そうした状況《じょうきょう》において、おそらく、小泉さんには不満が溜《た》まっておられるようです。自分の息子《むすこ》（小泉進次郎《しんじろう》氏）の使い方を見るにつけても、干《ほ》されていると思っているのでしょう。しかし、一方で、某《ぼう》総合誌には、「小泉進次郎が四年後の総理になるかもしれない」などと、与太《よた》記事風に書かれているようなので、そのあたりで、親として何か含《ふく》むところがあり、安倍さんに反対のようなことをたくさん言って、掻《か》き回しているのかもしれません。まあ、石原《いしはら》さんの父親（石原慎太郎《しんたろう》氏）がいるために、その息子（石原伸晃《のぶてる》氏）がなかなか総理になれないようなところもあるので、このあたりに関しても、何かあるのかもしれませんね。

おそらく、いろいろなことを背景に持ちながら、現政権の運営について、ある意味では最もシビアに見ている人なのではないかと考えられます。

そういうことで、当方としても、この人に関しては活字になっているものがすでに古いので、そうではない、現在ただいまの〝生《なま》の情報〟として、取材も兼《か》ねて、ご意見を拝聴《はいちょう》しようかと思っています。

幸福実現党の政策にも一部は重なるでしょうけれども、重ならない部分もそうとうあるとは思います。ただ、政局を考え、今後の政策を考えていく意味では、何らかの参考になることもあるのではないでしょうか。

こうしたことを前置きにして、霊言に入っていきたいと思います。

里村　はい。お願いいたします。

大川隆法　それでは（手を一回叩《たた》く）、「日本をもう一度ブッ壊す」（手を一回叩く）と題しまして、小泉元総理守護霊からの（手を一回叩く）メッセージを頂きたいと思っています。

（手を一回叩く）小泉純一郎元総理の守護霊よ。

小泉純一郎元総理の守護霊よ。

どうか、幸福の科学 特別説法堂《せっぽうどう》に降りたまいて、今、思うところ、考えるところ等がありましたら、ご披露《ひろう》くだされば幸いです。

小泉元総理の守護霊よ。

どうか、われらに何らかのアドバイスをくださいますよう、お願い申し上げます。

（約十五秒間の沈黙《ちんもく》）

2 「小泉以後」に対して不満がある？

「現在進行形の政治」を見ている者として意見を言いにきた

小泉純一郎守護霊　うーん……。

里村　小泉純一郎元総理の守護霊様でいらっしゃいますでしょうか。

小泉純一郎守護霊　うん。

里村　本日は、守護霊様から、いろいろとお話をお伺《うかが》いできるということで、このような機会を頂き、ありがとうございます。

小泉純一郎守護霊　うん。

里村　さっそくですけれども、ご意見がたくさんおありのようですが、今、どんなことを思っていらっしゃるのでしょうか。

小泉純一郎守護霊　「自民党をブッ壊《こわ》す」は……、まあ、一回はブッ壊れたかもしらんが。野党に取られたんでねえ。

里村　はい。

小泉純一郎守護霊　今日は「幸福実現党をブッ壊す」とか、やってほしくないか?

里村　おお。

小泉純一郎守護霊　まあ、それは嘘《うそ》だ。冗談《じょうだん》だけど。

里村　ああ、冗談なんですね（笑）。

小泉純一郎守護霊　いやあ、冗談、冗談、冗談、冗談。ブッ壊すほどのものもないから、しょうがないですけど。

里村　いえ、いえ（苦笑）。

小泉純一郎守護霊　壊してもしょうがない。しょうがないけど。まあ、「死ぬまで意見が言えない」っていうのも、残念じゃないですか。

里村　はい。

小泉純一郎守護霊　ねえ？　だから、「現在進行形の政治」を見ている者として、多少は世の中のお役に立てばいいかなあと思ってね。

「小泉政権が十年ぐらい続いたほうがよかった」

里村　日本人の政治の観念で言いますと、ある意味で、「引退してからが最も影響《えいきょう》力《りょく》が出てくる」というのが、日本の政治的なあり方です。

小泉純一郎守護霊　まあ、出てくる人もいるし、出ない人もいるから。勉強を続けて、国家に責任を感じてるような人は、意見を持ってることもあるし、消えてしまう人もいるしなあ。まあ、いろいろだけどね。

里村　小泉元総理は、かつて、例えば、中曽根康弘《なかそねやすひろ》さんや、あるいは宮澤喜一《みやざわきいち》さん等に、決然《けつぜん》と引退を迫《せま》りました。私は、たいへん立派なことだったと思ったのですけれども、「元総理」という、いちおう引退のかたちになってからも意見があるということは、この国政に対して、そうとう強烈《きょうれつ》な思いがあるということでしょうか。

小泉純一郎守護霊　何だかねえ、「こんなんだったら、やっぱり、小泉政権が十年ぐらい続いたほうがよかったんじゃないかなあ」という感じも若干《じゃっかん》あるわな。その後をいろいろ見るとな。

2003年衆院選の際、小泉首相は、自民党内規である73歳定年制に基づき、中曽根・宮澤元首相に引退勧告。当時、すでに85歳だった中曽根氏は強く反発したものの、結局、政界引退となった。現在、党内では73歳定年制の見直しが議論されている。

綾織　「こんなんだったら」というのは、何を指しているのでしょうか。

小泉純一郎守護霊　うん？　いやあ、今みたいなところを、こう……。

里村　「今みたいな」というのは……。

小泉純一郎守護霊　その後のダッチロール（迷走《めいそう》）も含《ふく》めてな、いろいろと日本がまだまだ低迷してるっていうか、悩乱《のうらん》するような状態が続いてるんだったら、小泉政治が続いたほうがよかったのかなあ。私も、〝関白太政大臣《かんぱくだいじょう》〟かなんかになったほうがよかったかなあと。

里村　おお。

綾織　確かに、小泉元総理は、非常に余裕《よゆう》を残して辞《や》められましたので。

小泉純一郎守護霊　そうなんだよ。だから、辞めるべきじゃない感じで辞めたからねえ。いやあ、アメリカなんか、七十ぐらいで大統領選なんかに出て。七十過ぎて出てた人もいたよ、七十四にもなって。それで行けば、何かねえ、六十四やそこらで辞める必要はなかったかなあと思う……。

綾織　その意味では、今からでも「もう一回」というのもありますが。

小泉純一郎守護霊　七十四から？　総理をもう一回やるって？　うーん……。まあ、気持ちは、本当はそうなんだけどね。

綾織　ああ、そうですか。

小泉純一郎守護霊　息子《むすこ》が出てるんで、あんまり邪魔《じゃま》しちゃいかんから、まあ……。

里村　小泉元総理の守護霊様として、意見があるところは、安倍《あべ》さんに対して？　あるいは、日本の今の政治全般《ぜんぱん》に対して？　あるいは経済に対してでしょうか。

小泉純一郎守護霊　いや、それをうまく訊《き》き出すのが君らの仕事であって、わしから本心をそんなにペラペラペラペラと、簡単にはしゃべるわけないわなあ。

里村　なるほど。はい。

小泉純一郎守護霊　それだったら、あんたね、まあ、値打ちがないわな、本にしてもなあ。だから、訊き出せたら、君たちに値打ちがあるわけだけども、それを訊き出せないんだったら、役に立たないわけで、この話はまったく付加価値を生まないわけよ。そこを、「ここ掘《ほ》れワンワン」で、埋蔵金《まいぞうきん》を掘り出したら、君らは仕事をしたわけよ。

里村　はい。

小泉純一郎守護霊　ほんとなら、各メディアがね、大手紙やテレビ局も、わしのところに取材に来てだねえ、本当の意見を訊いて、現政権批判とか野党批判とかを伝えればいいんだけど、そういう、何と言うか、言論風にちゃんと意見を訊いてくればいいんだけど。こちらには取材が来ないんでなあ、ほとんどなあ。

綾織　でも、そうしたら……。

小泉純一郎守護霊　いやあ、無視されてるのは大川さんだけじゃない。私も無視されてる。

小泉元総理守護霊は今の安倍総理をどう見ているか

綾織　地上の小泉さんは、安倍政権に対していろいろと発言されてまして……。

小泉純一郎守護霊　うん。うん。

綾織　「何やら、安倍首相が焦《あせ》っている。急いでいる」と。

小泉純一郎守護霊　いやあ、俺《おれ》より先に死ぬんじゃないかなあ、たぶん。あれはな。

綾織　おお、そう見ていらっしゃるんですか？

小泉純一郎守護霊　そんな感じがするねえ。もう〝死相《しそう》〟が出てるよ、顔に。ええ？　死相出てるよ、あれ。だから、俺のほうが長生きするんじゃないかなあ。

里村　おお。

小泉純一郎守護霊　もし、中曽根さんぐらい生きてみろよ。あと二十年ぐらい政権をやれるでなあ。

里村　昨日《きのう》、安倍総理は、奥様《おくさま》のお店で、一緒《いっしょ》に二十九回目の結婚《けっこん》記念日のお祝いをしていたそうですけれども。

小泉純一郎守護霊　うーん、だけどさあ、まあ、怪《あや》しげな……。サクランボを食べに行っては街宣したりとかしてるけど、あんなことをしてたら、絶対、お腹《なか》壊すよ、あれなあ。

綾織　心配されているんですか?

小泉純一郎守護霊　うん。まあ、半々だな。

綾織　ああ……。それでもいいと。

小泉純一郎守護霊　うん。うん。

3　今、「ブッ壊《こわ》したいもの」とは？

もし、小泉元総理がもう一度総理をやったら？

里村　今日は、「日本をもう一度ブッ壊《こわ》す」というタイトルが付いていますが、やはり、こういう思いもおありかと。そこで、ぜひ、「壊すべき日本とは何なのか」というのを、私どももお伺《うかが》いしたいと思います。

小泉純一郎守護霊　まあ、言葉を解したらさあ、「俺《おれ》がもう一回総理をやったら」ということではあるんだが。アッハッハハハハ……（笑）。

里村　おお、おお。

小泉純一郎守護霊　まあ、そういうことなんだけど。いや、君らの参考にはなるだろ？

里村　はいはい。

小泉純一郎守護霊　だから、もう一回やると……。

綾織　総理になられたら、何をやりたいですか？

小泉純一郎守護霊　うん？

綾織　「今、いちばんやりたいこと」というのは何ですか？

小泉純一郎守護霊　うーん、そうだなあ……。うーん……。いや、何かブッ壊さないといられないのは、いられないんだよなあ。だからなあ、うーん……。ああ……、野党連合みたいなのも、ちょっと、うっとうしい感じはあるけどね。あれも……、あれ、〝野合《やごう》〟だよなあ。ちょっとな、うーん。

綾織　はい。

里村　〝野合〟ですね。ええ。

小泉純一郎守護霊　あんなの、理念が全然共通してないけどさあ。「反自民」ということだけで集まっているし。

里村　はい。ええ。

小泉純一郎守護霊　自民・公明も、若干《じゃっかん》、〝野合っぽいところ〟があるわなあ。別に理念は共有してないわな。

里村　そうですね。

小泉純一郎守護霊　うーん……。だから、国会はあんまり機能してないような感じがするんだけど。それで何？　三分の二（議席を）取ろうとしてるのかな？　今。

里村　そういうことです。はい。

小泉純一郎守護霊　うん。ちょっと、若干、厳しいんじゃないかなあ。

里村　ええ。

小泉純一郎守護霊　俺みたいに、こう、「ブッ壊す」って、何か言わないと、取れないよ三分の二な、あれじゃあ（注。本収録後、二〇一六年七月十日投開票の第24回参議院選挙において、与党《よとう》をはじめとする改憲勢力が三分の二を超《こ》えた）。

里村　はい。

小泉純一郎守護霊　「安倍《あべ》をブッ壊す」って、安倍自身が言ったらさあ、「もう、安倍政権をブッ壊す」と言ったら、それは支持率が集まるかもしらんけどなあ。「アベノミクスをブッ壊す。新アベノミクス！」とか言えば、それは取れるかもしらんけどなあ。うんうん。

綾織　アベノミクスをブッ壊したいですか?

小泉純一郎守護霊　いや、ちょっとね、傲慢《ごうまん》だよな。

綾織　傲慢?　なるほど。

小泉純一郎守護霊　うーん。傲慢だよな、あれ。だから、結局、何にも「新しみ」がないじゃない。大したことは。うん。

現政権を、「アイデアをパクっているだけの浅い政権」と批判

里村　その傲慢というのは、例えば、「マイナス金利政策」だとか、「同一労働・同一賃金」だとか、要するに、国が経営の中身のほうにまで、どんどんどんどん入っ

てくる。そういうところが傲慢？

小泉純一郎守護霊　うーん……。いやあねえ、うーん。いや、哲学《てつがく》的なものが何もないような気がするんだよなあ。そういうものがなくて、何かこう、アイデアをパクってるだけにしか見えないんでね。だから、うーん……。「ずいぶん〝浅い〟政権だな」っていう感じはするなあ。

里村　私どもからすると、幸福実現党もずいぶんパクられているんです。

小泉純一郎守護霊　それはそうだろうよ。それはそうでしょうよ。うん。まあ、それはそうなんじゃないか。

里村　大川隆法総裁が以前からおっしゃっていたことが、けっこうパクられています。

小泉純一郎守護霊　まあ、向こうは、「実現してやった」と思うとるだろうからさ。うん。だから、そう思ってない。だから、「政治家が、庶民《しょみん》の意見に耳を傾《かたむ》けて、それを実現した」と、こう取るんだろうけどなあ。うん。

里村　はい。

小泉純一郎守護霊　そういうふうに、自分に悪いようには絶対取らないからなあ。

小泉政権の構造改革を引き継《つ》ぐのは自民党よりも幸福実現党？

小泉純一郎守護霊　ただ、何だろねえ？　この鵺《ぬえ》みたいな内閣が、こう、ダラダラと長く続いて、「代わりがいない」みたいに思ってるみたいな、なあ？

里村　確かに、小泉総理のときは、「構造改革」であったり、あるいは、「小さな政府」であったり、方向性というのはバシッと出されていました。

小泉純一郎守護霊　うん。

里村　「痛《いた》みなくして改革なし」とか、はっきりとそういうことをおっしゃっていました。

小泉純一郎守護霊　いや、君らのほうが、むしろ、私らの言ってることを引き継《つ》いでるような気もするんだけどなあ、何となく。うーん。

綾織　小泉さんがおっしゃっていることを引き継いでいる？

「聖域なき改革」「骨太の方針」「改革の『痛み』」等のフレーズで2001年の日本新語・流行語大賞の年間大賞を受賞した小泉首相。

小泉純一郎守護霊　まあ、少なくとも、経済政策や財政政策は、君らの幸福実現党の言っているほうが、何か、私らの「コイズミノミクス」を継いでるような気が、若干、するんだがなあ。

綾織　逆に、ある意味、反作用で、小泉改革以降、いわゆる構造改革的なものはまったく進まなくなっています。

「格差」という言葉で〝コイズミノミクス〟を潰《つぶ》しにきた左翼《さよく》勢力

小泉純一郎守護霊　だから、（攻撃《こうげき》を受けて）やられたの、「言葉一つ」でしょう？「小泉政権をやって、景気が回復した」と言ってたけれども、もう五年以上やったけど、やっぱり、「格差が開いた」っていう……。

綾織　はい。

小泉純一郎守護霊　「格差が開いた、開いた」と言って、これで攻撃して、私の「コイズミノミクス」を、ぶっ潰《つぶ》しにきたんじゃないかなあ。ほんと、そうでしょ？

里村　はい。

小泉純一郎守護霊　それで負けて、また、左翼《さよく》勢力のほうがだんだん強くなってきたんじゃないかねえ。

里村　ええ。その左翼勢力が強くなってきたので、結局、今、自民党もそちらの左翼勢力の取り込《こ》みのほうに入ることで、支持を求めるようになってきていますね。

小泉純一郎守護霊　うーん、うーん……。まあ、あんまりすっきりしないっていうかなあ。

里村　もし、小泉総理だったら、ああいう「格差是正《ぜせい》」のようなことを言ってこられたり、あるいは、ピケティ理論などを持ち出されてきたりしたら、また、どんどん切り返されたのではないかと思うんです。

小泉純一郎守護霊　うーん、まあ……、そうだねえ。

里村　「格差のどこが悪い」とか。

小泉純一郎守護霊　だからさ、総理が独身を貫《つらぬ》いたのに、なんで、結婚《けっこん》のための資金なんか、ばら撒《ま》かなきゃいけないのかな。これ、おかしいしな。

里村　ええ。

小泉純一郎守護霊　そんなに、幼稚園《ようちえん》だ、いや、保育所か？「保育所を準備しないと、認可保育所がいっぱいないと、結婚して子供が産めない」とかさあ、「もう、わがままもいいかげんにしろ」って、やっぱり、いう気はするなあ。「よう考えて、人生設計してやりなはれ」という気はするけどねえ。うーん。

政局争いで議論されている「財政赤字」「原発」「少子化」等の問題

里村　ということは、トータルの意味で、二〇〇〇年代と比べて、日本政治全般《ぜんぱん》がこの十年でかなり変わってきたことに対しては危機感がおありなんですね。

小泉純一郎守護霊　まあ、でも、今、最大の問題は、一千兆（円）を超える「財政赤字の問題」と、「国防上の問題」あたり、これが、おそらくいちばん大きいところかなあ。

里村　ほう、ほう。

小泉純一郎守護霊　あとは、まあ、「原発問題」等の対策もあるかもしらんけど、このあたりでしょう？　あと、「少子化対策」か、それを言ってるのかもしらん。だいたいこんなところなんでしょ？　だいたい政局争いはねえ。

里村　うん。

小泉純一郎守護霊　それを、みんな、言葉をよう操《あや》りながら、何とか勝つほうに持っていこうとしてるんだろうけどね。本音は分からんけど。うん。

尖閣《せんかく》諸島接続水域に軍艦《ぐんかん》を差し向けた中国の意図

里村　今、財政赤字の次に挙げられた「国防」についても、今日、ぜひ、お伺いしたいと思った点でございます。

小泉純一郎守護霊　うーん。

里村　ちょうど昨日《さくじつ》、中国海軍の艦船《かんせん》、軍艦が、尖閣《せんかく》諸島の接続水域に初めて入りました。それに対し、日本政府は、夜になって、慌《あわ》てて官邸《かんてい》のほうに関係閣僚《かくりょう》が集まって協議もしていましたけれども、例えば、このへんの中国問題については、小泉さんが総理でいらっしゃったときからいろいろなことがありました。どのようにご覧になっているのでしょうか。

あるいは、安倍さんのところは問題外……。

小泉純一郎守護霊　結局、タカ派路線をうまく〝消し込む〟ことで、今、選挙に勝とうとしてるところでしょ？　彼はね。

里村　うん。

小泉純一郎守護霊　そのときに、本来の自分の哲学っていうか、主張っていうか、それを〝隠《かく》して〟て、これが対応できるのかどうかを試《ため》されてるわけで、向こう（中国）のほうが老獪《ろうかい》だわな。

里村　ああ。

小泉純一郎守護霊　「安倍が困るだろう」と思ってやってることだな。だから……。

里村　「タイミングを見てやっている」ということですね？

小泉純一郎守護霊　ああ、G7《ジーセブン》への〝しっぺ返し〟っていうか、〝嫌《いや》がらせ〟だろう？

里村　なるほど。はい。

小泉純一郎守護霊　中国を外して、「中国が問題」みたいに言ったことへの〝仕返し〟だけど、この、軍事拡張だとか、制裁論だとか、こういう軍事的なことは選挙前に言いたくないから、そこを狙《ねら》ってきてると思うんだよな。

里村　うんうん。ちょうどアジアでも、国防大臣を中心に防衛関係のサミットが行われて、南シナ海の問題について、中国に対し、アメリカからもかなり強い牽制《けんせい》が出ていたところでしたから。

小泉純一郎守護霊　（広島に）オバマさんが来て、牽制になったかどうか知らんけどねえ。まあ、一部はなったけど、一部、正反対のようにも見えるし、難しいところだけどね。

〝小泉新政権〟ができたら、中国の軍事的拡張にどう対応するか

里村　すると、逆に、小泉総理のときは、イラク戦争に関して、もう、いの一番に「アメリカに協力する」と。

小泉純一郎守護霊　ああ、そうだね。そう言ったね。

里村　もう非常に支持を鮮明《せんめい》にされましたね。

小泉純一郎守護霊　うーん。

里村　それで、実際に行動されたわけですけれども、安倍総理にはそこが欠けています。

小泉純一郎守護霊　いや、これはね。いやあ、あのときは、もちろん、アメリカのほうがイニシアチブを取ってたからね。だから、同盟国として支持することを表明することは大事だったけど、今、オバマがそういう意味でのイニシアチブは取らないから。言葉では「核廃絶《かくはいぜつ》」みたいなことを言ったりするけど、実行はしないからね（笑）。核のボタンを持ちながら、それを言っていますからね。まあ、そうい

2003年3月、ブッシュ大統領がイラクへの最後通告を発表したのを受け、小泉首相は安全保障会議を開催（写真）。会議後、アメリカの武力行使に対する支持をいち早く表明した。

う方だから、フォックス（狐《きつね》）風の、まあ、フォクシーな方ですから、別の意味で。何て言うか、だから、「オバマさんが言うので、こっちが支持する」っていうような感じに、ちょっとなりにくい面があるし、向こうから言や、「日本がイニシアチブを取って、（アメリカが）応援《おうえん》するかどうかを考える」みたいなほうに回りたそうな雰囲気《ふんいき》が漂《ただよ》ってるじゃない？

里村　はい。

小泉純一郎守護霊　このへんの探《さぐ》り合いを日米でやってる間に、ほかが、こう、〝ジャブを入れて〟きてる感じかなあ。

里村　なるほど。

小泉純一郎守護霊　ロシアも、まあ、ちょっと〝ジャブを入れてる〟かもしれないけど。中国もな？

里村　うーん。

小泉純一郎守護霊　だから、オバマが弾《はじ》こうとしてるやつらが、「弱いのは日本」と見て、日本のところをちょっといじっているところかなあ。

里村　ああ……。

綾織　小泉総理時代の十年前とまったく違《ちが》うところは、オバマ大統領の部分です。例えば、「尖閣なり南西諸島なりで、何か紛争《ふんそう》があったときに、アメリカは本当に日本を護《まも》るかどうか分からない」という懸念《けねん》が極《きわ》めて強くなっているところなどは、いちばん違う点です。

小泉純一郎守護霊　だからねえ、日本がね、南シナ海とか東シナ海なんかに口を出すのが面白《おもしろ》くねえから、口を出させないようにするために、(中国が)今、尖閣の辺《へん》をちょっと挑発《ちょうはつ》してるんだと思う。

綾織　うーん。

小泉純一郎守護霊　これ、「自分の領土のことで頭がいっぱいになれ」ということでしょう?　「こっちだってやれるんだぞ」と。「南シナ海が日本の領土だったらともかく、関係ないようなことまで口を出してるんじゃないか」というようなことでね。ちょっと、あちらのほうに日本を引き離《はな》そうとしてるんだと思うんでさ。たぶん、ベトナムやフィリピンの問題と分けようとしてるんだなと。そういう感じかな。

綾織　もし小泉政権がこれからできるのであれば、中国の軍事的な拡張の問題についてはどうされますか。

小泉純一郎守護霊　チッ（舌打ち）、まあ、あの国は食えないね。〝食えない国〟だねえ。

里村　（笑）

小泉純一郎守護霊　うーん、まあ、中国とは経済のかかわりがちょっと深くなりすぎてるんでね。

さらに爆買《ばくが》いしたりして、あれ、デモンストレーションしてるんだろう。「中国の金が落ちると、日本の景気がよくなるぞ」ってやったりして、片方はアメだな？

里村　はい。

小泉純一郎守護霊　飴玉《あめだま》として「爆買い」をし、片方は、接続水域に「軍艦」を進めたりして、アメとムチと、両方で弄《もてあそ》んで、日本を悩乱《のうらん》させているでしょう?

里村　そうですね。

小泉純一郎守護霊　沖縄《おきなわ》なんかで「アメリカ出ていけ」と言っているなかに、本当は中国の軍艦なんかが、「それは日本の領域だ」と日本が主張しているところに行ったら、「やめとこか」っていうのが、常識な線じゃない

2017年、中国最大の巡視船である「海警2901」(1.2万トン級)が尖閣近辺に配備されると見られている。同船は衝突等への耐性が強化され、76ミリ砲や機関砲が搭載されているという。写真は、マレーシア沖を航行中の3千トン級海警。

ですか。

里村　はい。

小泉純一郎守護霊　なのにかかわらず、平気で来たりする。このへんも、日本のマスコミの分裂《ぶんれつ》してるところをよく狙って、足並みを乱そうとしているというふうに見えるわな。

里村　うーん。

小泉純一郎守護霊　中国は足並み乱れないからね。一元管理されてるから。

里村　ええ。

4 「脱《だつ》原発」を主張する真意とは

「半分真面目《まじめ》」に考えていることとは

小泉純一郎守護霊　（飯田に）そろそろ退屈《たいくつ》してるんじゃない、あんた。ええ？何か言えよ、〝軍事専門家〟。ああ？

飯田　一つ気になる点としては、「脱《だつ》原発」です。

小泉純一郎守護霊　ああ。ああ、そっちを持ってきたか。

飯田　先ほどの大川隆法総裁の解説にもありましたように、細川護熙《ほそかわもりひろ》さんが都知事選に立候補されたときの応援《おうえん》で、小泉元総理は、「脱原発をする」と、何度もおっしゃっていました。

しかし、脱原発は、日本の危機を招くと思います。といいますのは、脱原発と日本の防衛が表裏《ひょうり》一体《いったい》の関係にあるからです。

日本が中東から輸入している石油を載《の》せたタンカーは、台湾《たいわん》付近のシーレーンを通っています。しかも、この近くには尖閣《せんかく》諸島もあり、緊張《きんちょう》状態が続いています。万が一、この海域を中国に押《お》さえられた場合、日本が原油を輸入できなくなるリスクが高くなるため、エネルギー自給率の低い日本は干上《ひあ》がってしまうと思います。

この状況《じょうきょう》を考慮《こうりょ》いただいた上でお訊《き》きしたいのですが、結局、小泉元総理は「脱原発をしたい」と本気で思って発言されているのでしょうか。

脱原発・自然エネルギー開発の推進を訴える講演会の広告。

小泉純一郎守護霊　うんうん。まあ、厚労省的な、大臣的な考え方から見りゃあね、それは、放射能汚染《おせん》みたいなので病人とかがいっぱい出てくるようだったら困るっていう発想はあるわね。それは一つある。

だけど、うーん……。まあ、「本気かどうか」って言われると、ちょっと、まああ（笑）、疑問がないわけではないけども、民意を考えると、大地震《おおじしん》で、津波《つなみ》が来て、ああいうこともあるし、原発自体は、また、戦争で狙《ねら》われるかもしれないという不安が焚《た》きつけられて、広がっているわけで。

北朝鮮《きたちょうせん》なんかが日本を脅《おど》すにしてもだね、「原発を狙うぞ」とか言えば、日本人は震《ふる》え上がるだろうから、これを急所と見てるんだったら、「ほかのところにエネルギー利用源をつくっておいたほうがいいんじゃないか」という考えは、国家政策としては出てもいいかもしれない。

まあ、「今後、放射能被害《ひがい》等を避《さ》けるため」というのが表向きの理由だけど、裏向きはそういう原発被害があった。あのときの菅《かん》首相は、「東京都民まで避難《ひなん》させるか」っていうぐらいまで恐怖《きょうふ》が走ったんだろうから、これで日本人が恐怖することを知られてしまったからね。

里村　はい。

小泉純一郎守護霊　だから、中国だって、北朝鮮だって、「原発のところを攻撃《こうげき》するぞ」と、ブラフ（はったり）で言うのは簡単ですから、彼らはね。日本は言わないけど、彼らは言うから。そしたら、急に震え上がるから、住民がね。みんな避難を始めたりしたら、これ、もうほとんど、「ゴジラ上陸」と変わらないじゃん。

綾織　それを真面目《まじめ》に考えているんですか。

小泉純一郎守護霊　まあ、半分ね？

綾織　半分。

小泉純一郎守護霊　うん。半分は……。

綾織　半分は何ですか。

小泉純一郎守護霊　半分は真面目で、半分は「新しみ」を出すために。

綾織　新しみ（笑）。

都知事選の応援《おうえん》では何を狙《ねら》っていたのか

里村　そこだけでございますか。

二年前、細川さんが都知事選に立候補したときに、小泉元総理が渋谷《しぶや》のハチ公前で応援《おうえん》演説するのを、私も取材に行って聞いていたんです。

小泉純一郎守護霊　うーん。ああ、そう。

里村　原発に関してお話をされて、はっきり言って、細川さんよりもたくさんの声援を沿道から受けていました。

小泉純一郎守護霊　ああ。いや、「『もう一回出てほしい』っていう声がかからないかなあ」と思ってたんだけどねえ。

里村　いやあ、すごいですね。ただ、正直に言って、「原発に関してはあまりお詳《くわ》しくないな」というのが、その話を聞いたときの印象だったんです。

小泉純一郎守護霊　まあ、大して詳しくはないよ、それはね。

綾織　そういう声が出てくるのを期待して、「脱原発」を言っている？

小泉純一郎守護霊　「細川さんが都知事に当選するぐらいだったら、もう一回、どうだい」っていうね。

里村　そうですね。

小泉純一郎守護霊　「小泉もまだ若いじゃないか」っていう。「『シャープな意見を言うじゃないか』とか、こういう声でも上がらねえかなあ」と、まあ、そらあ、そういうスケベ心がなかったと言やあ、嘘《うそ》にはなるわな。

「男として〝成仏《じょうぶつ》〟し切っていない部分がある」

綾織　「新しみ」ということですか。

小泉純一郎守護霊　いや、やっぱり、男として〝成仏《じょうぶつ》〟し切ってない部分がなあ、ちょっとあるでなあ。

綾織　なるほど。

小泉純一郎守護霊　退屈。ちょっと退屈してる。

綾織　それは、地上の小泉さんが退屈している？

小泉純一郎守護霊　うん、そうそう。細川さんだって、陶器《とうき》ばかり焼いてたら退屈して、もうしょうがないだろうけども。私だって、まだ元気だからねえ。

里村　ええ。

小泉純一郎守護霊　朝から元気が……。（両手の親指を立てて）ねえ？（里村を指して）君と一緒《いっしょ》だよ。

里村　いやいやいやいやいや（苦笑）。

小泉純一郎守護霊　朝から元気なんだよ。朝から元気なのに仕事がないのは、やっぱり寂《さみ》しいじゃないか。「引退がちょっと早かったなあ」と思って。

綾織　ああ。

里村　はい。

小泉純一郎守護霊　やっぱり、「生涯現役《しょうがいげんえき》」っていう声もあるからさあ、一部ねえ。「七十代なんか、まだ仕事できるかなあ」と思うところも、ちょっとあるからさ。

里村　腕《うで》が鳴ってしょうがないわけですね？

小泉純一郎守護霊　そうなの、退屈なの。頭がまだ動いてるからね、これはね。うーん。

私は、年を取って病気を多発するタイプの体型じゃないでしょう？　年を取っても衰《おとろ》えない、剣豪《けんごう》が衰えない感じの、そういう状態だからねえ。

里村　ええ。

小泉純一郎守護霊　だから、「まだ行けるんじゃないかなあ」っていう感じは若干《じゃっかん》あってさあ。

「反原発運動」は、自民党をブッ壊《こわ》す流れのなかに入っている？

小泉純一郎守護霊　まあ、少なくともだねえ、ちょっとＰＲしとけば、どっかで何か使い道っていうかな？　「国家的尊師として考えてくれるんじゃないかなあ」と……。

里村　では、小泉元総理が反原発をおっしゃっているのは、別に、「安倍《あべ》さんの足を引っ張る」とか、そういうことではなく、「自分の健在ぶりを見せたい」というのが、いちばん大きな理由で、「それを見せるのにいちばんいいテーマ」、「マスコミが飛びつきやすいテーマ」ということで、勘《かん》のよさでこのテーマをつかまれたのですか？

小泉純一郎守護霊　まあ、ただ、戦後の自民党が、ずっと一貫《いっかん》して原子力推進政策を取ってたからね。

里村　そうです。

小泉純一郎守護霊　だから、「自民党をブッ壊《こわ》す」という流れのなかには、これ（脱原発）も入ると言やあ、入るからさ。

里村　ただ、現職のころは、必ずしもそうではございませんでしたが。

小泉純一郎守護霊　そらあ、そうだよ。現職のときはね、必ずしも、そうは言えないよ。

でも、実際、大災害が起きましたからね。あのときの災害を考えるとね、今後も、まあ、あっちもこっちも「地震の巣」だからさあ。中部だって起きるかもしらんし、南海トラフも怖いしねえ。九州だって、けっこう怖いしなあ。新潟《にいがた》や、あちらの北陸系も分からないしねえ。青森辺《へん》だって、分かりませんからね。

里村　ええ。

小泉純一郎守護霊　どこで起きるか分かりませんから、それを考えると、まあ、全国に原発をつくってますから、そういう災害がまた続くかもしれないし。

それに、民主党政権であったこともあるけど、そのあとの手の打ち方が悪かったよね？

里村　はい。

小泉純一郎守護霊　彼らも、まったくの素人《しろうと》だったからねえ。だから、的確な判断と住民の保護、その後の対応がかなり悪かったですよね？

あれに比べれば、熊本《くまもと》地震なんかは、スマートに対応してるとは思うけどね。

里村　まあ、震災の規模というか、範囲《はんい》が違《ちが》いますから。

2016年4月に発生した熊本地震では、避難者約18万人、死者157人、負傷者2千人以上、家屋や歴史的建造物の倒壊等、甚大な被害が発生した（写真：倒壊した熊本城の石垣）。ただ、同じ最大震度7の東日本大震災に比べると被災状況は限定的な範囲にとどまった。

小泉純一郎守護霊　うん、うん。

「原発事故の際、官邸筋《かんていすじ》は逃《に》げることしか考えていなかった」

里村　また、私《わたくし》どもは、福島《ふくしま》の原発事故について、「直接的な死者は出ていない」と、ずっと言っているんです。

小泉純一郎守護霊　いや、避難して、いっぱい死んだよね、千数百人かはね。

里村　まあ、避難先では、いろいろございました。ただ、いわゆる、「放射能被害によって」とか、そういう死者はいないわけです。そういう意味では、民主党政権のなかでは、「不幸中の幸《さいわ》い」というか……。

逆に言うと、「日本の原発の安全性は、ある意味で認められたところもあるのではないかな」とも思うんですけれども。

小泉純一郎守護霊　たまたま、まあ、官邸筋《かんていすじ》の意見を聞かないで、海水を上からぶっかけるっていうのを決断したのは、東電《とうでん》（東京電力）の側《がわ》の人だったんでしょう？

里村　現地の吉田《よしだ》（昌郎《まさお》）所長ですね。

小泉純一郎守護霊　うん。そちらが、「海水をぶっかけて、とにかく冷却《れいきゃく》することが大事だ」ということで、嘘の報告をしながらやってたんでしょう？　それのために、爆発《ばくはつ》しないで済んだんでしょうけども。

2011年3月、東日本大震災直後に発生した福島第一原子力発電所の事故現場（写真右から1号機～4号機）。

里村　はい。

小泉純一郎守護霊　まあ、官邸筋のほうは、とにかく〝逃《に》げる〟ことしか考えてなかったですからねえ。だから、あれは、ほんとに、ある意味では、「菅《かん》リスク」、「菅首相のリスク」で。

ああいうのがまた首相になったときに事故が起きたときのリスクを考えると、やっぱり、最悪の事態を、いちおう想定しなきゃいけないじゃないですか。

里村　政治は、常にそういうものですけれども。

先ほどの話に戻《もど》りますが、そうすると、反原発に関しては、半分本気。しかし、半分は、「もう一度、仕事ができるところを見せたい」というお気持ちが……。

小泉純一郎守護霊　うーん。いや、日本中、ソーラーパネルを貼《は》りまくって、そして、そのうち、「景色が悪くなった」と言って、またそれを壊したり。まあ、つくったり壊したりするのは、人類の常《つね》だからね。

風力発電でもいいし、海洋温度差発電でもいいし、地熱《じねつ》発電でもいいしね。それは、火山国なんだからやってもいいし。

「新しい産業」をつくっても、面白《おもしろ》いことは面白いじゃない。

5　小泉元総理は結局、何を「ブッ壊《こわ》した」のか

本当にやりたいこととは、やはり「脱《だつ》原発」?

綾織　もし引っ張り出されるとして、「小泉元総理が本当にやりたいこと」とは何なんですか。

小泉純一郎守護霊　ええ?　ほんとにやりたいこと?

綾織　ええ。

小泉純一郎守護霊　まあ、とりあえずは、今言ったように、三つ、四つ主要政策を

挙げれば、一つ引っ掛《か》かってくるのは、ここ（「脱《だつ》原発」）ですから。左翼《さよく》系マスコミが、ここのところに食いついて、離《はな》れないからね。あいつら、この世の命が惜《お》しいからさ。この世で生き長らえてぇから、放射能が嫌《きら》いなんだろう？
だから、これは、彼らに引っ掛けて、梯子《はしご》を上《のぼ》るための、一つの道ではあるわな。

里村　うーん。

小泉純一郎守護霊　それから、いまだにね、「甲状腺《こうじょうせん》ガンが一人出た。五歳《さい》か、六歳の子供（当時）で出た」とか、そんなことをギャーギャー言っていますから。そういう意味で、ニーズに応《こた》えてやるっていうことはあるわなあ。

綾織　先ほど挙げたなかでは、「少子化」というのをあえて挙げられている感じがあったんですけれども、これは、何をやろうと思われているんですか。

小泉純一郎守護霊　少子化……。わしに言う資格があるかないか。まあ、子供はいるからな。

里村　はい。三人つくられましたから。

小泉純一郎守護霊　まあ、いいかあ。

だからねえ、もうちょっと何か、まあ、「放射能被曝《ひばく》で、子供が産めなくなる」とか、そんなのでもあると、もっと面白《おもしろ》いテーマになるんだがなあ。まだちょっと、そこまで行かないんで。うーん。

里村　いや（苦笑）。

　では、どちらかというと、まだテーマを模索《もさく》しているわけですか。

小泉純一郎守護霊　いや、やっぱり、それはねえ、求めなきゃいけないですよ。退《たい》屈《くつ》ですからね、みんな。日本人は退屈してるんですから。ニュースを求めてるので。

「政府が自分で首を絞《し》める」という矛盾《むじゅん》を抱《かか》えていた構造改革

里村　逆に、私《わたくし》どものほうから、少し投げかけさせていただきたいと思いますが、小泉内閣のときに、「規制緩和《かんわ》」、「構造改革」とおっしゃって、民間人であった竹《たけ》中《なか》(平蔵《へいぞう》)さんを大臣にされていました。そのため、「非常に規制緩和がなされ、許認可権でもって、政府、与党《よとう》が権限を持つということが変わるのではないか」と、私どもは期待したんですけれども、二〇一六年段階で、全然変わっていません。それどころか、ある意味では、もっと悪くなっている部分もございます。

　それが、結局、財政赤字の積み重ねにつながってきたと思うのですけれども、なぜ、規制緩和が進まなかったんですか。

小泉純一郎守護霊　うーん……。まあ、それぞれのところで、「ほかのところは努力してくれればいいけど、自分のところは、既得《きとく》権益は離したくない」という感じが強いからねえ。

それぞれが、「自分のところは、今までより権限とか権益とかが落ちちゃ嫌《いや》だけど、ほかのところが努力してくれるだろう」みたいな感じでやってたら、「今までどおりだった」っていうことだ。それが大きいんだろうねえ。

里村　はい。

聖域なき構造改革を実現するための「骨太の方針」を決議した経済財政諮問会議（写真：2001年5月の会議風景）。不良債権処理や国債発行の抑制、郵政改革等、「小さな政府」実現に向けて始動したものの、各方面からの激しい抵抗にあった。

小泉純一郎守護霊　役所も再編したけど、結局、大きな役所になってはいるしねえ。うーん……。いやあ、規制緩和ねえ、そらあ、そのとおりなんだがねえ。「大きな政府を、小さくする」というのは、そのとおりなんだけど、それは、「政府が自分で首を絞《し》める」っていう話だからさ。

だから、「自民党をブッ壊《こわ》す」という標語の下《もと》に人気は集めたものの、現実は、自民党を壊したら、自民党の総裁でも、総理大臣でもなくなるからね。

里村　（苦笑）

小泉純一郎守護霊　まあ、そのへんは、矛盾《むじゅん》はしてるよなあ。

君らも、「『幸福実現党をブッ壊す』っていう演説をして回ったら、報道してくれるかどうか」を見てみてもいいんじゃないかなあ？

里村　うーん。「いつか、使ってみたいな」と思いますがね、もし、既得権益が出てきたら。

小泉純一郎守護霊　「そうしたら、地球はブラックホール化して、なくなるだろう」って言ったら、本当かどうか試《ため》してみたくなるところが出てくるかもしれない。

里村　いえ（苦笑）。まあ、冗談《じょうだん》はさておきまして。

「自民党政治」を壊《こわ》すことに成功したのか

里村　そうすると、先ほど、「少し不完全燃焼の部分があった」とおっしゃったのは、「自民党を壊《こわ》す」と言いながら……。

小泉純一郎守護霊　壊れてないよね。

里村　ええ。壊せなかった、「自民党政治的なもの」はあったということですか。

小泉純一郎守護霊　はっきり言って、もう、俺《おれ》から見たら、ぺーぺーの安倍《あべ》ちゃんぐらいで、こんな仕事ができるなら、まあ、ほかにできる人はいっぱいいるんじゃないの？

自民党だって、できる人、いっぱいいるんだけど、いないように見せるのがテクニックなんだよな。そうなんじゃないかなあ。

綾織　当時、政権におられたときに、「自民党をブッ壊す」という部分で、実際に壊れた部分がいちばん大きいのは……。

小泉純一郎守護霊　「郵政族」側が壊れたね。

綾織　そうですね。橋本《はしもと》派ですよね。旧田中《たなか》、竹下《たけした》派の流れで、ここは完全に壊れてしまって、「今は、もう見る影《かげ》もない」と言うと、たいへん失礼なんですけれども、もう力がなくなってしまっています。

小泉純一郎守護霊　うーん。

綾織　ここは、本当に徹底《てってい》的にやってしまわれたなというのはありますよね。郵政改革では、実は、それを目指されていたんですか。

小泉純一郎守護霊　まあ、これは言ってもしょうがないんだけど、一つに絞《しぼ》らないと仕事ができないっていうか、効果は出ないんでね。

今だったら、「厚生労働省をブッ壊す」とか言ったほうが、いいのかもしれないね。

今、病院に湯水のごとく税金が行ってるからさあ。

里村　はい。

小泉純一郎守護霊　病院と労働者支援《しえん》のために、いろいろと対策の金をいっぱい使っとるだろうからさあ。

厚労省をブッ潰《つぶ》せば、街には貧民が溢《あふ》れ、病人が溢れて、ええ感じの〝世紀末の感じ〟が出るんじゃないですか。

綾織　あの（苦笑）、ちょっと真面目《まじめ》にお伺《うかが》いしたいなと思うんですけれども……。

里村　いや、これは、非常によいヒントです。

小泉純一郎守護霊　宗教の出番だよな。

綾織　まあ、そうかもしれませんけれども。

里村　厚労省関係の、特に、社会保障関係の予算は、一般《いっぱん》会計の三分の一である三十兆円を占《し》めています。

小泉純一郎守護霊　そんなの不可能だ。不可能だよな、実際上な。

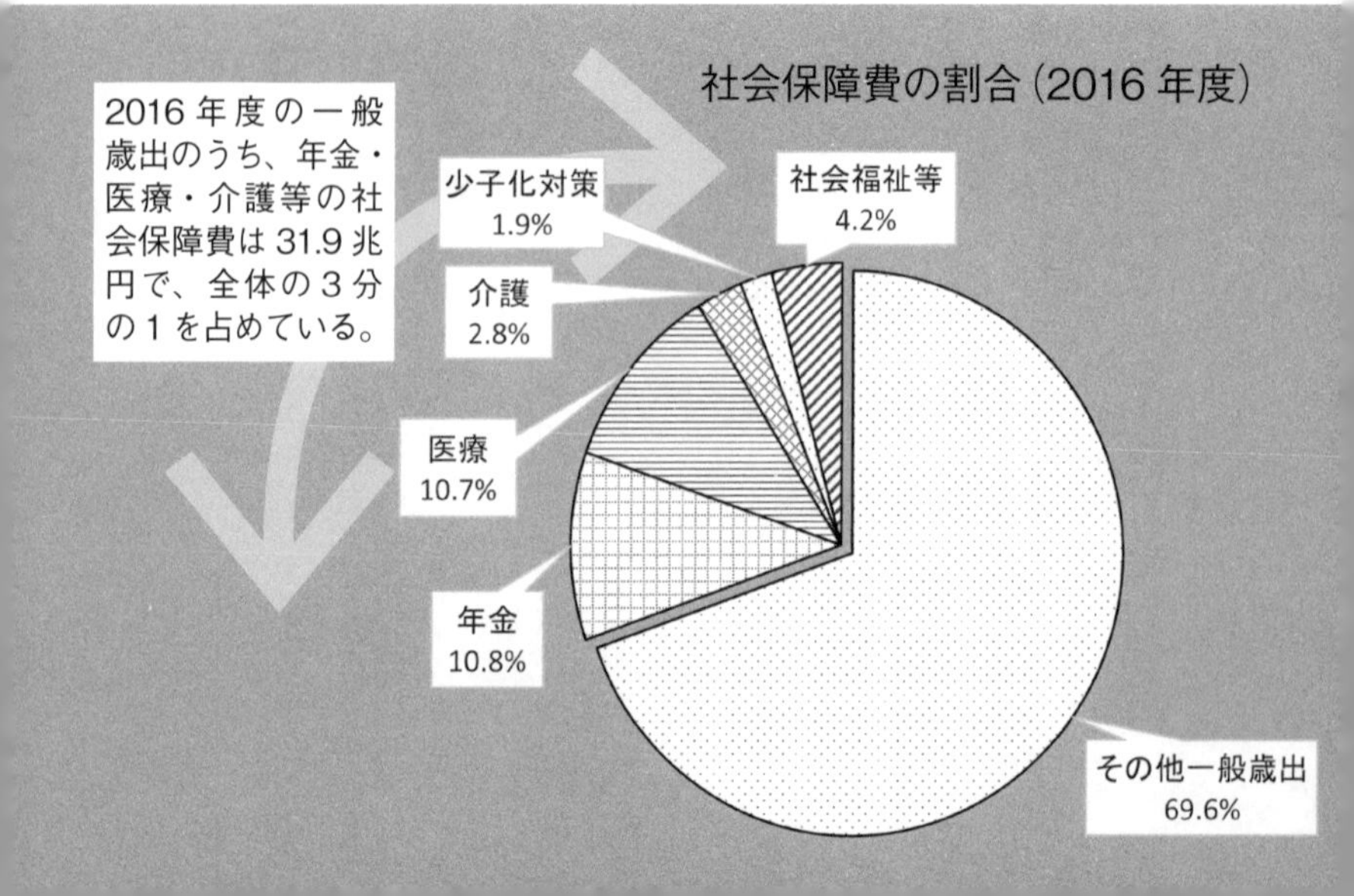

2016年度の一般歳出のうち、年金・医療・介護等の社会保障費は31.9兆円で、全体の3分の1を占めている。

「病院の不利になることは言いにくい」

里村　ただ、ここにメスを入れることができれば、一千兆円の財政赤字の解決、あるいは、年金破綻《はたん》と言われているものの解決などにもなるので、ぜひ、「厚労省をブッ壊す」というところで、何かヒントを頂ければと思います。小泉元総理であれば……。

小泉純一郎守護霊　まあ、「病院に検査に行ったときに、薬を打ち込《こ》まれて、そのまま成仏《じょうぶつ》」っていうことになる可能性があるかもしれないから……（笑）。

里村　あまり言うと危ないですかね（笑）。

小泉純一郎守護霊　ええ（笑）、それは怖《こわ》いよ。「あ、間違《まちが》えて打っちゃった」とか……。

綾織　これは、小泉元総理の守護霊さんのご意見なので……。

小泉純一郎守護霊　ああ、そうだねえ。

綾織　地上のご本人とは、また少し違うかもしれません。

小泉純一郎守護霊　ああ、違う。それは、もちろん違う。もう全然違う。地上の本人は、もうバリバリだからね、頭がね。だから、そんなことはないだろうけどねえ。確かに、病院の不利になることは言いにくいんですよ。ご厄介《やっかい》になるかもしれないから、みんな怖いのよ。

里村　それは、「選挙でご厄介」ではなくて……。

小泉純一郎守護霊　選挙もご厄介になるけど、選挙以外でもご厄介になるから。

里村　はい。

小泉純一郎守護霊　そのときに、病院からさあ、いろいろ病状の悪いところを漏《も》らされたりすると、すぐ落ちるしさあ。

それに、例えば、大臣でさ、半年ぐらい隠《かく》れたいとか。

里村　ええ。

小泉純一郎守護霊　病院にお隠れになった方もいたけど、病院がみんな、「おまえなんか、隠してやらない」って、へそを曲げたらさあ、すぐ捕《つか》まっちゃうじゃないですか。ね？

小泉政権時代に「百年安心」と言っていた年金制度は大丈夫《だいじょうぶ》か

里村　ただ、先ほど、「もう七十四歳だけど、朝から元気だ」とおっしゃっていたので。

小泉純一郎守護霊　うん、君と一緒《いっしょ》だって。

里村　いやいや（笑）。

ですから、病院の心配などなさらずに、もし、ヒントがあれば……。

小泉純一郎守護霊　だから、年寄りねえ。問題だねえ。今、やっぱり、老人を集めてね、新しく〝予備隊〟をつくったほうがいいんじゃないかな。

綾織　それは、自衛隊の予備隊ですか。

小泉純一郎守護霊　うん。そう、そう、そう、そう。病院に行かせないで、尖閣《せんかく》あたりに集結して、「殺されても別に構わない」という、そういう新しい特攻隊《とっこうたい》だな。「日の丸の鉢巻《はちまき》きをして、最低限の食糧《しょくりょう》は供給するから、そこで陣地《じんち》を護《まも》ってくれ」と。

沖縄《おきなわ》あたりには、百以上、無人島がある。どこに上陸してくるか分からんから、全部、駐屯《ちゅうとん》する必要あるわね？

うーん。これ、いいなあ。

綾織　あの、ちょっと真面目に行きたいと思うんですけれども、小泉政権時代に、

「百年安心」というのを年金改革として決めたので、やはり、責任があると思うんですよね。

小泉純一郎守護霊　百年安心……。

綾織　はい。その後、「結局、年金は、もうもたない」ということが明らかになってきたので……。

小泉純一郎守護霊　いや、まあ、それは、最初から分かっていたけども（笑）。

綾織　（笑）まあ、そうでしょうね。あのときは、もう完全に粉飾《ふんしょく》というような感じの数字を出してきていましたから。

これについて、どうされますか。

小泉純一郎守護霊　いや、あれは実際上、バレちゃうと、〝厚労省蒸発〟になるところだったでしょうなあ。現実はな。みんな、まさか使い込んでるとは、知らなかっただろうからなあ。ほんとね。

里村　ええ。

小泉純一郎守護霊　まあ、何とか火消しが上手《じょうず》にいってるから、今、もってるんじゃないですかね。

「年金」は、仕組みを分からなくして踏《ふ》み倒《たお》せばいい？

綾織　幸福実現党は別ですが、これは、どこの政党も、まったく触《ふ》れないテーマですよね。年金が、実際には成り立っていないのに、あたかも続いていくようなことを言っています。

小泉純一郎守護霊　あのねえ、六十歳以上の投票率、高いのよね。だからねえ、そこに不利なように聞こえることは、やっぱり、よくないのよね。

里村　つまり、投票型民主主義の限界が、こういう福祉《ふくし》社会になると出てくるということですか。

小泉純一郎守護霊　うーん。

里村　つまり、いちばん一生懸命《いっしょうけんめい》、投票に行かれる方々が安心して暮らせる老後というものを含《ふく》めた、そういうものを提示しないと、選挙で勝てない？

小泉純一郎守護霊　まあね、日本の高度成長期を支えた〝選手たち〟が年を取ったときに、自分たちの勤勉な労働がまったく報《むく》われない結果が待ってるっていうのは、あまりにも惨《みじ》めだよね。

里村　確かに。

小泉純一郎守護霊　だから、どうせ惨めになるなら、知らずにそれに直面したほうがいいじゃないですか。例えば、地震《じしん》っていうのは、一カ月前から知ってるからって幸福なわけじゃなくて、来てからあとに心配したほうが、まあ……。

綾織　つまり、「ある日突然《とつぜん》、そういう事態がやってくる」というのが厚生労働省の考え方ですか。

小泉純一郎守護霊　まあ、そういうことでしょうね。いずれ来るでしょうね。

綾織　それは、自民党もそうですけれども、極《きわ》めて無責任ということになります。

小泉純一郎守護霊　ああ、いいんじゃないんですか。コンピュータを使って、何か申請《しんせい》しないと給付金がもらえないようにしとけば、八十歳を過ぎた人はみんなもらえないから、たいてい。

里村　（苦笑）

小泉純一郎守護霊　で、払《はら》わなくて済むから。まあ、踏《ふ》み倒《たお》したら、それは何とかなるんじゃないですかね。

里村　それは、すごい策略ですね（笑）。

小泉純一郎守護霊　「マイナンバー制」なんかも、きっとそんな感じなんじゃないですか。

里村　なるほど。

小泉純一郎守護霊　分からないからさあ。仕組みが分からないから、結局、分からなくなって、「（政府に）財産は全部把握《はあく》されてるけど、こっちからは取り戻《もど》せない」ようにするつもりなんじゃないの？　きっとそんな感じだと思うよ。

綾織　結局、マイナンバー制は、「年金が破綻しているので、その分を全部取り返す」という財務省なりの考え方だと思うんですよね。

小泉純一郎守護霊　だからねえ、本来、権利がある人が、権利を行使できないで、眠《ねむ》ったままになってるのは、「歩留《ぶど》まりがある」と見てると思うんですよね。

里村　はい。

6 「上げ潮派」はなぜ〝消された〟のか

「格差是正《ぜせい》論」や「リーマン・ショック」が影響《えいきょう》したのか

里村　私《わたくし》どもが非常に賛同するのは、当時、小泉総理の時代の、特に後半のほうで、「上げ潮派」というような方たちが出ました。

小泉純一郎守護霊　うん、そうそう。

里村　つまり、「経済成長で、財政赤字を解決していくんだ」という考え方を述べておられたわけです。

●上げ潮派　経済成長や景気対策によって税収を自然に増加させ、財政再建を目指す立場。経済成長を促すため、金融緩和や規制緩和、増税の先送りなどを主張する。中川秀直《なかがわひでなお》氏らが主唱していた。

小泉純一郎守護霊　ただ、それねえ、中川《なかがわ》君だったかなあ？

里村　中川秀直《ひでなお》さんですね。

小泉純一郎守護霊　完全に〝消され〟ちゃったんだよな、あれなあ、ほんとにね。

里村　そうなんですよ。

小泉純一郎守護霊　君らはそれにちょっと、経済的に近いんだと思うんだけど、なんか、ねえ？　完全に〝消し込《こ》まれて〟しまったので。

「上げ潮派」のルーツについて

経済成長による税収の自然増のたとえとして使われる「上げ潮」という表現は、アメリカのケネディ大統領（左写真）が1963年に行った演説のなかで、「上昇する潮（上げ潮）がすべてのボートを持ち上げる」という表現を引用して経済成長の大切さを訴えたのが淵源ともいわれる。上げ潮派の流れとしては、レーガン大統領やイギリスのサッチャー首相等の経済改革がこれに相当する。

「格差是正論《ぜせい》」で完全に〝消された〟感じだったし。

里村　はい。

小泉純一郎守護霊　あと、リーマン・ショック等のあれもあったんかもしらんけどねえ。ああいう、「不況《ふきょう》が来るかもしらん」っていう恐怖《きょうふ》が起きたのかもしれないから、「そんな能天気に、よくなってくるなんてことは考えられない」という気持ちはあったんかもしらんがなあ。

経済成長を目指す上で、竹中平蔵《たけなかへいぞう》氏が語った言葉

里村　私どもは、最近、いろんな霊人《れいじん》の方からもお話を聞いているのですが、やや堂々巡《どうどうめぐ》り的になるのが、経済成長を目指そうとしたときに、そうした「上げ潮派」のようなところはマスコミなどの勢力によって潰《つぶ》されていくのです。そして、この

民主主義社会のなかでは、「とにかく、働かなくても心配のない社会ができます」という方向が優越《ゆうえつ》してくるような現象があり、これを否定していくことがなかなかできないでいます。

やはり、このような日本のあり方こそ、潰さなければいけないのではないでしょうか。

小泉純一郎守護霊　いや、それは、うーん……。まあ、私のブレーンで軍師の竹中《たけなか》（平蔵《へいぞう》）先生も、「『どうしたらいいか』って言ったって、まあ、『プロジェクトX《エックス》』ですよ」というようなことを言うとりましたけどね。「とにかく、ああいうふうに、とりあえず新しく挑戦《ちょうせん》し続ける人がいなければ、経済成長なんていうのはないんですよ」と。

「どっかから何かが降ってくるように思っちゃいけないんであって、中小企業《きぎょう》から始まって、いろんな人たちの努力の集積で発展するんだ」という私たちの考え方は、わりに健全ではあったんですけどね。考え的にはね。

里村　なるほど。

リーマン・ショックの背景にあった「不健全なもの」

里村　当時、ホリエモン（堀江《ほりえ》貴文《たかふみ》）さんが郵政解散に伴《ともな》う選挙にチャレンジして出馬しました。ところが翌年《よくねん》（二〇〇六年）、ちょうど小泉政権が退陣《たいじん》した年に逮《たい》捕《ほ》されてしまったこともありました。

小泉純一郎守護霊　そんなのもあるし、リーマン・ショックのやつも、「訳《わけ》の分からないレバレッジを利《き》かせて、負債《ふさい》を隠《かく》して、財産が増える」みたいな、テクニックでやれるような不健全なものが壊《こわ》れていったもんだからね。

やっぱり、実際に研究開発して、ちょっとでも前進していくような感じの経済の仕組みに戻《もど》していって、「扶養《ふよう》家族みたいに養ってもらうような感じの国民」が増えていくことは避《さ》ける。まあ、「健全な社会に戻さなきゃいかん」っていうことはそうだろうとは思うんだけどね。

だから、ホリエモンのやつはちょっと、微妙《びみょう》に、うーん。

里村　まあ、ご本人に少し問題はありました。

小泉純一郎守護霊　役所別にまたちょっと、態度が違《ちが》うこともあるし、マスコミの動向なんかもあるんでねえ。

舛添要一《ますぞえよういち》氏は「ケチなので攻《せ》められる」という珍《めずら》しいケース

小泉純一郎守護霊　今は（舛添要一《ますぞえよういち》）都知事が（堀江氏と）同じように、またやられてるんだろうけど（収録当時）。まあ、ホリエモンみたいに稼《かせ》いだわけじゃないんだけど（笑）、「ケチケチした」ということで、今度は攻《せ》められている。これは、ある意味で珍《めずら》しいケースなんだけどね。「ケチなので攻められる」っていう、非常に珍しいケースだよね、あれねえ（注。本収録後の二〇一六年六月二十一日、舛添要一氏は東京都知事を辞職した）。

里村　私どもは、小泉総理のときから比べて、「今の日本はおかしいな」と思うのが、「舛添さんの三十七万円の宿泊費《しゅくはくひ》を問題にして、一千兆円の財政赤字の責任を全然追及《ついきゅう》しない国民って何なんだ」ということです。

小泉純一郎守護霊　ハハハッ（笑）。それで、あれだよ？　「都知事が外遊費として合計五千万円を使った」とか言ってるんでしょう？

里村　はい。

小泉純一郎守護霊　で、「安倍《あべ》君が八十八億円だかなんか、外遊費に使ってる」とか言うんでしょう？　上のほうの追及はしないよな？

里村　そうなんです。

小泉純一郎守護霊　それはね、「舛添さんがケチだ」というのはね、「マスコミに（飯《めし》を）食わせなかった」っていうことだよ、たぶん。

里村　まあ、そうですね。

小泉純一郎守護霊　だけど、安倍さんはマスコミに飯を食わせてるから、ちゃんと。

里村　安倍さんは、今週一週間で二回、マスコミの人と食事をしています。

小泉純一郎守護霊　だから、あれ（舛添氏）はケチだから、自分の懐《ふところ》へ入れて、自分の家庭以外では金を落とさなかった。それで恨《うら》みを買ってるところに、ちょうどタレ込みが入ってきて、今、ワッとやられてる。

7　小泉流「劇場型政治」の極意《ごくい》とは

「決闘《けっとう》みたいなのが好きなのよ」

綾織　すごく不思議なのは、小泉さんの場合は、マスコミとはほとんど付き合いがなく、夜も一人で過ごす場合が多かったことです。それでいて、マスコミからはある程度人気がありました。

小泉純一郎守護霊　いや、まあ、〝ネタ〟はときどき提供してたからね。彼らは、商売ができればいいんだろうから、面白《おもしろ》いことを言えばいいんだけど。必ずしもスキャンダルばかりを提供する必要はないからね。

綾織　小泉政権は、当時は「劇場型政治」と言われていたのですけれども、当時、守護霊の立場として、何をアドバイスされていましたか。例えば、「マスコミ向けに、何を発言するか」というような。

小泉純一郎守護霊　いやねえ、「決闘《けっとう》」みたいなのが好きなのよ。決闘っていうかさ、真昼の対決風の決闘みたいな。見せ場があってさあ、「どっちが勝つかな？」みたいな感じが、わりに好きなんで。

そういう見せ場になると、チクチクッとくすぐって、「ここが勝負どころよ」といった感じのサインを本人に送れば、本人が奮起したりすることはあったね。

2005年の総選挙では、郵政民営化法案への造反議員の選挙区に多数の落下傘候補が擁立される分裂選挙となった（写真：東京10区への「刺客」として送り込まれて現職を破った小池百合子氏）。

敵をつくることで注目を集めた小泉政治

綾織　小泉総理は、郵政解散のときも、「今がチャンスだ」というお話をされています。

里村　やはり、小泉総理は、「天才的」というか、まさに「天才」であったと思います。つまり、「抵抗勢力《ていこうせいりょく》」という敵をつくることで喝采《かっさい》を浴びるわけです。

例えば、郵政解体そのものも、要するに、経世会《けいせいかい》（平成研究会）のほうを〝ブッ壊《こわ》す〟ためにされました。そのように敵をつくることで、見事に注目を集めていたと思います。

そういう意味では、橋下《はしもと》（徹《とおる》）前大阪《おおさか》市長が、それをやや、なぞらえたかのようには見えました。

小泉純一郎守護霊　いや、それはやりたければ、君らもやったらいいわけよ。「公明党に投票して地獄《じごく》へ行こう」とかいうキャンペーンを張ったらいいんだよ。そしたら、毎晩、夜道は怖《こわ》いよ。

里村　（笑）

小泉純一郎守護霊　アッハッハッハッハッハッ（笑）。いや、朝、命があったら、「今日も一日、神様ありがとう」と言わないといけない。「公明党に一票入れて、〝創価《そうか》地獄〟へ行きましょう」というキャンペーンをやったらいいのよ。それは、注目されるわ。敵ができるよな、あっという間にね。

小泉元総理守護霊なら、幸福実現党をどうするか

綾織　素直《すなお》に言うと、幸福実現党の活動、運動についてはどのように見られていま

すか。

小泉純一郎守護霊　まあ、多少はやっとるみたいだけど、〝パンチ力〟があんまりない。

綾織　パンチ力？

小泉純一郎守護霊　うん、刺激《しげき》もないなあ。〝スパイス〟が効いてないから。大したことない。

毎回毎回、あんな弱々しい戦いして、毎回毎回、敗走する雑兵《ぞうひょう》ばかり出てくるような感じで、延々とやるんかい？

綾織　じゃあ、幸福実現党から小泉さんに声がかかったら、何をされますか。

小泉純一郎守護霊　うーん、お金を幾《いく》ら出すかによるわね。

里村　（笑）ただですね、幸福実現党の政策は、いろいろと〝パクられて〟いるところがあります。政策のよさについては、先ほどもお認めになったかと思うんですけども。

小泉純一郎守護霊　あのなあ、政治資金として五十億円ぐらいはくれるんだったら、出てやってもいいよ。

里村　おお、なるほど。まあ、それは、幹事長のほうにも話しますけども。

小泉純一郎守護霊　うん。五十億円あったら、自分なりに、ちょっとした小政党ぐらいはつくれるからさあ。

里村　いや、別の政党をつくられたら困るんですけども（苦笑）。

小泉純一郎守護霊　えっ？　いやいや、幸福実現党の、まあ……。だから、私が代わりにいたら、それは、人を呼べますから、ちゃんと。党首、すればな。

里村　うん。

小泉純一郎守護霊　釈何《しゃく》とかいう人は、もう亡《な》くなった方なんだろう？　あれ。

里村　いや、何をおっしゃいますか。

小泉純一郎守護霊　えっ？　それはそうだ。「釈」って法名《ほうみょう》が付いたら、これ、完全に、もう、あれでしょう。「亡くなられて、もう三回忌《き》」とか、そういう方だったでしょう？

里村　いえいえ、元気で元気で、日々飛び回っております。

小泉純一郎守護霊　それは、おかしいわ。生きとるのか？　あれは法名だから、亡くなっとるんだ。

まあ、それだったら、私を引っ張ってくれれば、できるよ。

里村　先ほど、〝スパイス〟とおっしゃいましたけど、それは何なんでしょうか。

小泉純一郎守護霊　うーん、まあねえ、例えば、それは、私が党首でもいいんだけど、小泉進次郎《しんじろう》とかも呼んで幹事長に据《す》えるとか。そしたら、それだけでもマスコミは、ウワーッと報道しますよ。「宗教だから報道しない」とかはありませんよ。絶対しますよ。

里村　いわゆる、仰天《ぎょうてん》人事ですね。

小泉純一郎守護霊　うーん、もう、そらあ、絶対しますからね。例えばの話ね。うん、うん。

幸福実現党は、「シャドー（影《かげ》）なんだよ」

里村　いや、私たちは、今、新しい政党を、ある意味で、それまで政治にタッチしなかった人たちが集まってつくろうとしているわけです。

小泉純一郎守護霊　うーん。

里村　私どもは本当に、日本はこのままでは駄目《だめ》だと思うんです。本来なら、小泉さんのあとを受けた安倍《あべ》さんが、「『働かずして安心だ』なんて言うような国民になっちゃ駄目だ」と言わなきゃいけないはずだと思うんですよ。

小泉純一郎守護霊　うーん。

里村　そういうことを言う人がいなくなったんですが、それは、小泉さんの「負の遺産」だと思うんです。

小泉純一郎守護霊　まあ、〝甘《あま》い汁《しる》〟ね。甘い汁、吸わせるというかね。それは上《じょう》手《ず》だよね、あいつね。砂糖をかけるのがね。そうやって、パーッと砂糖を振《ふ》りかけるけど、国民に対して、もうちょっと「義務」や「責任」について、ちゃんと言うだけの「自信」がないんだろう。

里村　自信の部分？

小泉純一郎守護霊　自分に対して、そんなに厳しくなかったからね。人に言えないんだと思うんだよ。

里村　はあぁ……。

小泉純一郎守護霊　私はもうちょっと、自分に対して厳しい面もあったからね、まあ、言えるんだけど、彼は言えないんだよ。自分に対して言えない部分があるので。

里村　うん。

小泉純一郎守護霊　だから何となく、かすかにバブルで、みんなを機嫌《きげん》よくさせてると思うんだよな。

里村　本当にそうです。もう、「右にも左にも、ちょっと機嫌よくなってもらおう」みたいな感じの。

小泉純一郎守護霊　まあ、そうだねえ。

里村　私どもは、「そういう政治と決別しないと日本の未来がない」と思って、幸福実現党をやってるんですよ。

小泉純一郎守護霊　だけど、どうだろうねえ。今のままで得策かね……。確かに、「原発再稼働《かどう》」とかが、いいか悪いかは別として、君らが言って、自民党が追随《ついずい》して、再稼働の道を開こうとしてるんだろうとは思うけども。

里村　うん。

小泉純一郎守護霊　まあ、日本の社会はフェアでないから、そういうことは書いてくれないでしょう?

里村　そうなんですよね。

小泉純一郎守護霊　報道はまったくしてくれないでね?　だから、影《かげ》の存在、シャドーなんだよね、君たちはね。影なんだよ。影にしかすぎないので。まあ、影が暴《あば》れても、なかなか力は出ないんだよなあ。〝シャドーボクシング〟……。

宗教は「闇《やみ》権力」だと思われている？

綾織　幸福実現党が、例えば、小泉流で、何か敵をつくって突《つ》っ込《こ》んで戦っていくには、何がポイントになるとお思いですか。

小泉純一郎守護霊　やっぱり、有名人がいないのが大きいんじゃないの？　だから、もうちょっと、ちゃんと三顧《さんこ》の礼を尽《つ》くして拝《おが》み倒《たお》したら、来てくれる人だっているかもしれないのに、そういうことをしないで、自分たちの仲間内だけでやろうとしてるんでしょう？　捻《ね》じ曲げられるのが嫌《いや》で、自分らの考えどおりやりたいから。
そういう意味では、君たちだって偏屈《へんくつ》なわけよ。自分らの考え以外は受け付けないからさ。

里村　なるほど。

小泉純一郎守護霊　だから、周りから見たら、「勝手にやっとれ」ということに、いちおうなるわけよな。

里村　ただ、私どもはですね、票のため、数のために、野合《やごう》をよしとするような、そういうものではないと思うんです。先ほど、守護霊様も、そうおっしゃってました。

小泉純一郎守護霊　うーん。

里村　やはり、そこには「理念」とか、「ビジョン」があると。

　それに、やっぱり時間を待つことも一つ大切だなと思うんです。小泉元総理ご自身も、総裁選に何度も挑戦《ちょうせん》して、惨敗《ざんぱい》を重ねながら、最後にＹＫＫ（山崎拓《やまさきたく》、加藤紘一《かとうこういち》、小泉純一郎）というお友達のグループの、ある意味で、Ｙ（山崎）さんとＫ（加藤）さんを斬《き》ることで、総理に向けて一気にグッとこられました。

小泉純一郎守護霊　ああ。

里村　私たちが学びたいのは、「勝負の勘所《かんどころ》」のようなものです。

小泉純一郎守護霊　うーん。

自民党1972年初当選の同期として親しかった加藤紘一、山崎拓、小泉純一郎の３氏（上写真）で結成されたＹＫＫ。90年代には一定の存在感を示したが、小泉氏が首相就任後、まず加藤氏と、次いで山崎氏とのすれ違いが生じ、ＹＫＫグループは解消された。

里村　それは、天性のものといえば、天性のものかも分かりませんけど。

小泉純一郎守護霊　でも、なかなかねえ、天は二物《にぶつ》を与《あた》えないんで。宗教として、ある程度成功してて、政治のほうでもやろうと思っているのを、なかなか両方で、あの世もこの世も操作して、まあ、何て言うかなあ、うまいことやろうというのは、そう簡単に認めないところは、あることはあるのよねえ。

里村　いや、「うまいこと」っていうわけではないんですよ。

小泉純一郎守護霊　まあ、「この世は俺《おれ》らの世界だ」と思ってる人たちが、いっぱいいるからね。「あの世」は、そちらで好きにしてくださって結構だけど、「この世」はそうはいかんよ、と。

里村　ただ、日本の政治の現状は、ある意味で、宗教から物申さねばいけないぐらいまでになってしまったわけです。

小泉純一郎守護霊　現実、君らねえ、「すごく純粋《じゅんすい》」なのは分かるけどさ、〝ワープ〟もしてるわけよ。

だからさ、現職の総理が靖国《やすくに》に参拝《さんぱい》していいかどうかだけで、こんなに外交問題になって揉《も》めるぐらいのときにさあ。

里村　ええ。

小泉純一郎守護霊　まあ、言うことがさ、「核《かく》武装しろ」「敵地先制攻撃《こうげき》しろ」と言うてみたり、「原発を推進しろ」と言ったり……。まあ、けっこうですね、「実際に政治家をやってみい。大変なんだぞ」っていうところが分かってないように感じるところもあるわけよ、われわれから見りゃあな。

里村　ああ。

小泉純一郎守護霊　舛添《ますぞえ》さんなんかでも、われわれの考えに合わないで、彼は当選したわけだけど。今、〝ケチケチ路線〟でいじめられてはいるんだろう。まあ、ちょっと、応援《おうえん》の守護霊本なんか出してるようだけど（『守護霊インタビュー　都知事　舛添要一、マスコミへの反撃』〔幸福の科学出版刊〕参照）。

里村　はい。

小泉純一郎守護霊　まあ、ああいうところは、へそ曲がりなところはあるんだろうけども。うーん、何

『守護霊インタビュー　都知事　舛添要一、マスコミへの反撃』
（幸福の科学出版刊）

だろうねえ。やっぱり宗教ってのは、〝闇《やみ》権力〟だと思われてんだろうね、一般《いっぱん》にはね。

里村　闇権力ですか。

小泉純一郎守護霊　うん。「闇権力だから、表にあんまり出ちゃいけない」と。せめて、言っても、柳生《やぎゅう》流みたいなもんでねえ。うーん、柳生みたいに裏で動いてる感じなのかなあ。

里村　まあ、それに関してはですね、私もいろいろと言いたいんですけれども。

小泉純一郎守護霊　ああ。

里村　ただ、今日はぜひ、めったにない機会なので、守護霊様からお話をお伺《うかが》いしたいということで、議論主体で進めたいと思います。

「郵政改革」とはいったい何だったのか

里村　郵政改革に関してですが、われわれからすると、「総選挙まで行われたのに、いったい、あれは何だったのか」というところがあるのですが。

小泉純一郎守護霊　私がいなくなったら、話題が出なくなったんだよね。

里村　そうなんです。

小泉純一郎守護霊　それだけのことですね。

里村　去年、株式上場《じょうじょう》のことが少しだけ話題になりましたけども。

綾織　また、法案が修正されて、若干《じゃっかん》後退していたという流れがありました。

小泉純一郎守護霊　まあ、何だったんだろうね。アッハッハッハッハッハッハ（笑）。

綾織　やっぱり、単純に政治的な争いだったんですか。権力闘争？

小泉純一郎守護霊　うーん、変わらないね。郵政改革

小泉首相にとって郵政民営化は行革の本丸と位置づけられた重要施策だったが、党内外の強い反対に遭って法案は参議院で否決。そのため、「郵政解散」で国民の信を問うとともに造反議員を処分し、ようやく法案は可決。2006年1月に日本郵政株式会社が、翌年10月に日本郵政グループが発足した。

しても、何も変わらないね。全然変わらない。どうしてだろう、これはね。どうなってんだろうな。

里村　財政赤字は、毎年毎年積み重なるばかりです。

小泉純一郎守護霊　結局、郵政の問題もあれで、うーん。まあ、反対した人たちは、「外資が手を伸《の》ばせない資金が郵政のところだ」と。だから、「郵便貯金に、外資は手が出せないから、ここを持ってることは日本の強みだ」っていうことが反対理由だったかとは思う。

里村　はい。

小泉純一郎守護霊　「銀行にしたら、やられちゃうぞ。銀行は淘汰《とうた》されて、（外資に）取られることもあるぞ」というような。まあ、国粋派でも、そういう人はいたわな。それもあったし。

あと、あれだろうね。今の〝バラマキ路線〟っていうのも結局、「田舎《いなか》」なんだよな。「田舎」と、「不毛の産業」になってしまってるものたちを支える部分だよな、そうとう。だから、コメ農家に金を払《はら》ったり、それから漁業のように補償《ほしょう》を払ったり、いろんなことをするので調整してる部分だよな。そのニーズそのものが止《と》められないっていう。どんなかたちであってもな。

だから、郵便局がなくなって田舎が不便になるようなことを起こしても、何かしなきゃいけなくなる、結局な。何かしなきゃいけなくなるっていうとこは一緒《いっしょ》だったっていうところかなあ。

小泉改革の成果としての「規制緩和《かんわ》」

綾織　未来にかかわる部分についてお伺いしたいと思います。小泉政権前後の規制緩和《かんわ》を考えてみると、例えば、銀行を変えて、新しい銀行を生み出したということがありました。

小泉純一郎守護霊　うん、うん。

綾織　かつては、お酒も距離《きょり》制限というものがあって、自由にお酒を売れなかったんですが、今では、どこのコンビニに行ってもお酒を扱《あつか》っています。

小泉純一郎守護霊　うーん。

綾織　このように、基本的に、自由に経済活動をできるというのが、未来につながっていく部分ですけども。

小泉純一郎守護霊　まあ、そうだ。だから、セブン-イレブンみたいなとこが銀行代わりができて、宅配便が、郵便局の小包の配達ができる。あるいは、あとは何だ？　まあ、いろんなお世話にしても、そういう「コンビニみたいなのが、いろんな品物を配達するようなことまでしてくれれば、そちらのほうで賄《まかな》えんことはないかな」という感じはあったんだけどね。まあ、行商みたいな、そういう代わりをやってくれればね。

里村　ええ。

小泉純一郎守護霊　郵便局って、山の中腹《ちゅうふく》までオートバイで上がる郵便局員も偉《えら》いことは偉いんだけど、まあ、採算的には合ってはないんでねえ。だから、携帯《けいたい》でやるメールとか、まあ、いろいろインターネット系が流行《はや》ってきたから、手紙やはがきや電報や、こんなものみんな要《い》らなくなってきつつはあるしね。

里村　冠婚葬祭《かんこんそうさい》のときだけぐらいですね。

小泉純一郎守護霊　まあ、確かに、なくなってきたというか、ニーズとしては「なくてもいいのかな」という感じはあるけどね。

8　小泉元総理守護霊が明かす「安倍《あ》総理《べ》への不満」

「今、いちばんブッ壊《こわ》したいもの」とは？

綾織　今日は、「日本をもう一度ブッ壊《こわ》す」というテーマですので。

小泉純一郎守護霊　ああ、そうだ。

綾織　小泉さんの守護霊さんは、これから未来につながっていくような、何か大きなイノベーションを……。

小泉純一郎守護霊　（飯田に）君、せっかくいるんだからさ。なんか、〝かき混ぜ〟

ろよ、少し。ええ？　そんな、かわいい顔しなくていいからさあ。本性《ほんしょう》を現して頑《がん》張《ば》れよ。

飯田　（笑）今日お越《こ》しいただいてすぐ、「政治家を引退したあとに、国家に責任を持っているか、持っていないか」というお話をされました。

小泉純一郎守護霊　うん。

飯田　おそらく、日ごろ、ご自身が、「まだ国家に責任を持っている」と強く思われているからこそ、今日、こうして、霊言《れいげん》をされていると思います。

小泉純一郎守護霊　うん、うん、うん。

飯田　そこで、「国家に責任を持つ者」としてのご意見をお聞かせいただければと思います。

小泉純一郎守護霊　うん、うん。

飯田　例えば、今、もし、小泉元総理が再び総理大臣になったとしたら、いちばんされたいことは何でしょうか。

五年以上の長期間にわたって総理を務められましたが、正直なところ、心残りなこともおありではないかと思います。

今、いちばん〝ブッ壊したいもの〟は何ですか。

小泉純一郎守護霊　安倍《あべ》さんだね。

里村　おお。

小泉純一郎守護霊　そらあ、私が幹事長に安倍を引き上げてやったのが、首相になれた原因だよね。結果はな。

里村　うん、うん。

小泉純一郎守護霊　だったら、やっぱり進次郎《しんじろう》を幹事長ぐらいに引き上げて、ちゃんと後継者《こうけいしゃ》として育てろよ。なあ？　ちょっと干そうとする気《け》がな。

綾織　そこがご不満なんですね。

2003年9月、小泉首相は閣僚未経験の安倍氏を49歳の若さで党幹事長に抜擢。2005年の第3次小泉改造内閣では官房長官に据え、「ポスト小泉」の流れをつくった。

「安倍さんは後継者《こうけいしゃ》を全部〝斬《き》っている〟」

小泉純一郎守護霊　あと、〝集票マシーン〟として、（進次郎氏を）いろんなところへ応援《おうえん》演説に送ったりするのはやるんだけどさ。

里村　うん。

小泉純一郎守護霊　でも、嫉妬《しっと》してるのはよく分かるよ。嫉妬してるから。

里村　ああ、嫉妬してるわけですか。

小泉純一郎守護霊　嫉妬してる。安倍は、人気のあるやつには嫉妬するから、確実にね。

まあ、そのへん、やっぱり不満はあるわな。

綾織　逆に言うと、安倍さんは自分の後継者《こうけいしゃ》を育てようとされていないということですね。

小泉純一郎守護霊　してない。全然してないよ。

里村　ああ、そうなんですね。

小泉純一郎守護霊　だから、後継者を全部〝斬《き》ってる〟よ。はっきり言って、後継者になりそうにない人を使ってるからね。

だから、官房長官《かんぼうちょうかん》の菅《すが》（義偉《よしひで》）なんかも、もともと、あんなに偉《えら》くなっていい人ではなかったと思うような、なあ？　秋田からの上京組だろう？　上京の夜学《やがく》組で。

里村　そうです。

小泉純一郎守護霊　まあ、ちょっと偉くなりすぎだわな、普通《ふつう》はな。夜学の法政か何かで、官房長官であんな長くやって、もうちょっとで歴代一位まで行くかもしれないっていうところまで来て、「陰《かげ》の総理」とまで言われてるんだろう？

里村　はい。

小泉純一郎守護霊　だから、もうひとつ、「欲を出すか出さないか」っていうところがあるかもしらんけど。まあ、一般《いっぱん》的には経歴から見て、なったら叩《たた》き落とされる、急に撃《う》ち落とされるあれだわね。

だから、そういうふうな、（首相に）なれないような人は上手《じょうず》に使うし、ライバルだった石破《いしば》（茂《しげる》）みたいのは上手に〝消し込《こ》んで〟いくじゃないですか。

綾織　ああ、なるほど。

小泉純一郎守護霊　あれは、地方の自民党員票から見りゃあ、石破が首相をやってるはずでしょう？　これ、後継者としては十分消し込まれてるよ。

進次郎だって、いつ消されるか、あれ分からない。「使えるうちは使うけど、捨てるときは捨てる」。

里村　ああ……。

小泉純一郎守護霊　そういう冷たさが、何て言うの、

2012年の自民党総裁選挙において、石破茂氏（写真中央）は第1回の投票で議員票34票、地方票165票の計199票を獲得し、5人の立候補者のトップだったが、第2位の安倍氏（同右）との決選投票で敗れた。

三代続いた……、まあ、うちも言えないけど（笑）、政治しとりゃあ、よくあるパターンだからな。

親父《おやじ》の目の黒いうちに、ちゃんとなあ、就《つ》けるべきときに就けさせとかないと、あれは危ない。危ないなと。

里村　そうですね。万が一、小泉元総理が帰天《きてん》ということになったら、〝消し込まれて〟いくわけですね。

小泉純一郎守護霊　そう。だからね、石原慎太郎《いしはらしんたろう》だって、死んだらね、あの息子《むすこ》なんてのはドラ息子だから、みんなクビ切られるよ。大したことないの、みんな知ってるもん。

だけど、親父の目の黒いうちは大臣にしたり、まあ、総理候補には、さすがにもう、ちょっと遠くなったかもしらんけどね。

綾織　今、安倍さんは、ライバルになりそうな人を全部〝消して〟、とにかく自分で長期政権をやっていくということを考えているわけですか。

小泉純一郎守護霊　うーん、そう、そう、そう、そう。ほんとはあわよくば、（二〇二〇年の東京）オリンピックまでやりたいでしょうな。

綾織　オリンピックまで。

里村　ほお。

小泉純一郎守護霊　だから、ご機嫌《きげん》取り、イエスマンが周りに集まってきてる、だんだんね。自分の実力ではそこまで偉くなれないような人を周りに集めてきて、一《いっ》生懸命《しょうけんめい》、ヨイショかけてるわな、だいたいね。

安倍総理は「自分の政権が終わらなければいい」？

里村　先般、橋本《はしもと》元総理に霊界《れいかい》から来ていただいたのですが、安倍政権を評して、「手品政治」、「手品を使う」とおっしゃっていました（『橋本龍太郎《りゅうたろう》元総理の霊言《れいげん》』（幸福の科学出版刊）参照）。

小泉純一郎守護霊　「手品」ねえ。「手品」と言いましたか。

里村　ええ、まやかしですね。幻惑《げんわく》。

『橋本龍太郎元総理の霊言』（幸福の科学出版刊）

小泉純一郎守護霊　ああー。

里村　「非常にそういうところが上手だ」ということでした。あと、「イリュージョン」ですね。あるいは、「見世物政治」、「パンとサーカスの政治」だと。

小泉純一郎守護霊　いや、あいつも嫉妬してんじゃない？　やっぱ、あれも。

里村　えっ？

小泉純一郎守護霊　「あいつ」って言っちゃいけないな。あれ、先輩《せんぱい》だから。

里村　（笑）橋本元総理ですか。

小泉純一郎守護霊　あの方《かた》も、嫉妬してるんじゃない？

里村　（笑）まあ、再登板を狙《ねら》って、小泉総理と総裁選を戦われて、負けた方ですけど。

ただ、今日のお話をお伺《うかが》いしてると、お二人は、見解としては重なるところがありますよね。

小泉純一郎守護霊　まあ、だいたいねえ、やっぱり、先代は〝不成仏《ふじょうぶつ》〟ですよ、みんなね（笑）。後《あと》に対して、「面白《おもしろ》くない」っていうのを、みんな思ってるよ。だいたい、前任者を否定するところから始まるからね、政治っていうのはね。

だから、安倍は、安倍政治を否定するところから次の政治が始まるのを、いちばん怖《こわ》がっているから。

里村　ほおー。

小泉純一郎守護霊　安倍政治を否定するようなやつを潰《つぶ》しとかないといけないわけよね。

里村　そうすると、「大きな度量でもって、器《うつわ》でもって、いろいろな意見を入れて、人を立てる」ということがあまりできない方ですか。

小泉純一郎守護霊　そうですねえ。ほんとは後継者にふさわしくない人ばっかりで固めようとする気《け》はありますよね。

里村　そういう人で固めているわけですね？

小泉純一郎守護霊　うん、そう、そう、そう、そう。その気はあるよね。だから、そういう資格があるような人は、いつの間にか干していく。だんだんに干していくんだよね。

里村　はあ。そうすると、自民党は本当に終わりますね。

小泉純一郎守護霊　いやあ、安倍政権が終わらなければいいんじゃないの？　彼はね。

里村　ただ、それが続くかぎり、どんどん衰弱死《すいじゃくし》していくような感じですね。

小泉純一郎守護霊　いやあ、本人はそうじゃないんじゃないの？　まあ、憲法改正まで勢力を持ちたいと思ってるんじゃないの？

里村　ほお……。

安倍総理の「憲法改正」に臨《のぞ》む姿勢をどう見ているのか

里村　もし、今、現職の総理であられたら、例えば、集団的自衛権の行使を肯定《こうてい》して、「憲法改正」という方向に向かわれますか。

小泉純一郎守護霊　まあ、私は筋論《すじろん》で考えるほうだから、実は、どちらかというと、やっぱり、憲法改正してから、そういう周辺を整備したいなあとは思うんですけどねえ。

里村　なるほど。

小泉純一郎守護霊　「法律のほうからつくっていく」というのは、基本的に、ちょっと邪道《じゃどう》とは思ってますけどね。

里村　うーん。

小泉純一郎守護霊　だから、「憲法なんかがなくても、法律のほうをつくればやれちゃう」っていう。まあ、「自衛隊法」がそうでしたけどね。

ただ、「ずっと、それを続ける」というのは、正攻法《せいこうほう》ではありませんわね。

だから、それを隠《かく》して、次、争点隠《がく》しだろう？（安倍首相は）「憲法改正」争点を隠して、参院選を戦う気《き》でおるんだろうからさ（収録時点）。結局、そういうところに、「信念の人のように見せながら、違《ちが》う」というのが見えてるわねえ。

それは、吉田松陰《よしだしょういん》が怒《おこ》るだけのことはあるわな（『吉田松陰は安倍政権をどう見ているか』〈幸福実現党刊〉参照）。

里村　ああ……。

今、「核《かく》防衛をするかどうか」の大きな判断が求められている

綾織　「安倍政権をブッ壊したあと」というのは、どういう政治が望ましいと考えられているのでしょうか。

小泉純一郎守護霊　とにかく、自民党は自民党で、大臣とかを取れるのが望ましいと思ってるだろうから、そのためなら何でもするでしょうね。

『吉田松陰は安倍政権をどう見ているか』
（幸福実現党刊）

綾織　まあ、自民党は、そうですけれども。

小泉純一郎守護霊　何でもする。だから、その間に日本が、一千兆から、もっと財政赤字になって、日本がブッ壊れるかどうかが、今、試《ため》されてるところだね。「安倍一人生きて、万骨枯《ばんこつか》る」じゃないけど、「安倍生き延びて、日本滅《ほろ》ぶ」になるかどうかを、今、見ているところでしょうねえ。

里村　いや、私どもは、そこが、あってはならないことだと思うんですね。

小泉純一郎守護霊　うん、うん。

里村　特に、借金だけで国が潰れるとは思いませんけれども、日本には、先ほど、飯田のほうからもあったように、中国に対する国防の問題があります。また、もう一つ、北朝鮮《きたちょうせん》の問題もあります。

北朝鮮問題に関しては、小泉総理が実際に北朝鮮に行かれて、拉致被害者《らちひがいしゃ》を帰国させ、世間《せけん》をあっと言わせました。

そのため、われわれは、いまだに、横田《よこた》めぐみさんの帰還《きかん》等に一縷《いちる》の望みをかけており、北朝鮮問題は解決するのではないかと思っていたのですけれども、事態は、「北朝鮮が水爆《すいばく》を保有する」というところにまで至っています。

小泉純一郎守護霊　うーん、まあ、これは、大きな判断が要《い》るわね。すごく大きな判断が要ると思う。

本当に、あんたら、言葉で言ってるけど……、「核装備《かく》」だとか、「核開発」とか言ってるけど、本当にそこまで踏《ふ》み込むんだったら、ものすごい……。そうだねえ、ドナルド・トランプ並みに、マスコミの批判を〝餌《えさ》〟にして肥大化するような性格を持ってないと、やれないことはやれないでしょうね。

おそらくは、すごい抵抗《ていこう》でしょうね。現時点のこの程度で、これだけ左翼《さよく》勢力が動くのを見りゃあね。

だから、あれは、「原発騒動《そうどう》」って言うけど、本当は、「原発全部を廃棄《はいき》してしまえば、核兵器がつくれない」と思ってるところもある。間違いなくあるんだ。

里村　はい。そうした「大きな決断」というのは、いったい、どのような決断なのでしょうか。

小泉純一郎守護霊　だから、いや、「核防衛」だろう？　基本的には。

里村　やはり、核防衛。

小泉純一郎守護霊　いやあ、核防衛するかどうかでしょう？

里村　はい。「安倍の〝姑息《こそく》路線〟には、そろそろ気づいたほうがいい」

小泉純一郎守護霊　だから、それは、今の安倍の日和見《ひよりみ》では、ちょっと厳しいだろうから……。

里村　はい、安倍さんでは……。

小泉純一郎守護霊　もっともっと激しい批判を受けて、耐《た》えられる人でなきゃできないわなあ。そういう意味では、今、ちょっと厳しい状況《じょうきょう》にはあるわな。

だから、今、「黙《だま》って参議院で、上手に〝三分の二〟取れさえすれば、憲法改正ができる」と狙って、これをテーマにしないで、争点にしないで取ってある。これ、彼の得意技《わざ》だよね。こういう〝姑息《こそく》路線〟っていうのかなあ。私みたいに、啖呵《たんか》を切ってやる、舞台《ぶたい》の清水次郎長《しみずのじろちょう》みたいな感じのは、彼にはあんまり向いてなくて、そういうふうに、「違う争点でやっているように見せながら、ほかのところで取っていく」っていうやり方だなあ。

だから、その手口には、そろそろ気づいたほうがいいとは思うけどね。まあ、確かになあ（舌打ち）。

里村　はい。

9 今の日本に必要なリーダーとは

安倍《あべ》総理が狙《ねら》う「マスコミのコントロール」と「抱《だ》き込《こ》み型政治」

小泉純一郎守護霊 （飯田に向かって）何か言えよ。ええ？ かわいそうじゃないか。女性が〝総活躍《かつやく》〟しなきゃいけないんじゃないの？ え？

飯田 先ほどからお話を伺《うかが》っておりますと、小泉元総理は安倍《あべ》首相に対して、「鵺《ぬえ》みたい」ですとか、「哲学《てつがく》がない」ですとか、けっこう、厳しく評価されています。

小泉純一郎守護霊 うん。

飯田　小泉総理のとき、私は小学生か中学生でしたので、詳《くわ》しい政策は存じ上げていませんでしたが、北朝鮮《きたちょうせん》の拉致被害者《らちひがいしゃ》の方が飛行機から降りてこられる様子や、小泉総理が構造改革を進められているお姿をテレビで拝見して、「すごい総理大臣なんだな」と、子供ながらに感じておりました。そのため、私のなかで「心に残っている総理大臣ランキング」を勝手につけるとしたら、小泉元総理は、おそらく、一位か二位くらい……（笑）。

小泉純一郎守護霊　（ややうつむいて、考え込《こ》むようなしぐさをしながら）うーん……。ハッハハアー（苦笑）（会場笑）。

2002 年 9 月、小泉首相は北朝鮮の金正日《キムジョンイル》総書記と首脳会談を行い、「日朝平壌《ピョンヤン》宣言」を調印。翌月には拉致被害者のうち 5 人が 24 年ぶりの帰国を果たした（写真）。

里村　いや、一位です（苦笑）。

飯田　一位なんですけれども……（会場笑）。

小泉純一郎守護霊　（倒《たお》れ込むような姿勢を取りながら苦笑する）まあ、いいですわ。

飯田　（笑）すみません。そのような小泉元総理からご覧になって、今の日本に必要な政治家像といいますか……。

やはり、ご自身が総理を務められていたときより、国際情勢も緊迫《きんぱく》してきておりますし、財政赤字も増えてきて経済的にも苦しくなってきていると思うのですけれども、そのなかで、「今、日本には、こういうリーダーがいないといけないのではないか」というお考えなどがありましたら、ぜひお聞かせ願えればと思います。

小泉純一郎守護霊　まあ、そこは、安倍さんが狙《ねら》ってるところでしょう。「マスコミのコントロールができないと、やりたいことがやれない」というところは、そりゃあそうなんだろう。それを狙ってるんだろうから、「大芝居《おおしばい》を打って、マスコミを乗せるか、マスコミを騙《だま》くらかして、それをやるか、どちらか」というかたちにはなってる。

あとは、抱《だ》き込みかな？　「抱き込み型政治」っていうのを、今やってるんだろうとは思うけど。

しかしねえ、野党も与党《よとう》も一緒《いっしょ》に増税を決めてさあ、マスコミにもみんな「増税賛成」みたいなのを取り付けてから、法案を通して、そして、延ばすみたいな、非常にフニャフニャ、クニャクニャしてる人ではあるからね。

普通《ふつう》、「マスコミが、みんな、国会議員でもないのに談合して賛成する」なんていうのは、ちょっと考えられないことですけどね（笑）。（マスコミは）「国民生活はどうなるんだ」って言わなきゃいけないところだけどね。

「社会福祉《ふくし》」という〝錦《にしき》の御旗《みはた》〟を打ち破ることはできるのか

小泉純一郎守護霊　例えば、「社会福祉《ふくし》」を挙げれば、左翼《さよく》勢力を抑《おさ》え込める。社会福祉を掲《かか》げられて、これにね、何か抵抗《ていこう》できる、これを粉砕《ふんさい》できる力がないんだよ。政治学のワード、言葉としてねえ。

あるいは、社会福祉を立てて、〝錦《にしき》の御旗《みはた》〟で行進してくるものを、うっちゃれる戦略があるかどうかだね。まあ、これを言わないといけない。

だから、それをやるとしたら、「病院なんかが不正に金を流用してる」とか、「年金の不正使用」とか、あるいは、「役人や政治家が税金をいろいろごまかしてる」とか、何だかんだ、そういうところをついて、何となく信頼《しんらい》感を失わせるような、そんなことをやるぐらいしかない。まあ、「自分らの大事な税金が、本当に、自分らの社会福祉のために使われていない」ということを、やるぐらいしかないから。そういう攻《せ》め方しかないんだろうけど。

それ以外に、正々堂々の陣《じん》で「社会福祉が大事だ」と、「老人人口が増えるので、社会福祉が大事だ」という〝錦の御旗〟を打ち破れるものを、つくれるかどうかというところは大きいんじゃないですか。つくれるんかい？　これ。

里村　いや、私ども、そこは、今、すごく大切なお言葉だと思います。

小泉純一郎守護霊　うん。

里村　新しい時代の「錦の御旗」に当たる部分をつくれるかどうかですね。

小泉純一郎守護霊　うん。要するに、社会福祉は、いわゆる資本主義陣営《じんえい》がね、左翼を黙《だま》らせるために発明したものだから。社会福祉に関しては、左翼だって反対ができないところなんですよ。これで取り込んで、政権交代が起きないようにしてるわけですよね。

社会の絆《きずな》が崩壊《ほうかい》し、「共産主義社会」に近づきつつある日本

小泉純一郎守護霊　それで、現実には、民主党（現・民進党）のほうがケチケチして、財源を削《けず》って、それを浮《う》き出させようとして、ダム（八ッ場《やんば》ダムの建設）を中止するだとかさ、象徴《しょうちょう》的なことをやって。ね？　ダムが三分の二までできてるやつを止《と》めるとかやって。今までの建築費は、どうなるのか知らんけど、「自然破壊《はかい》をやめろ」だとか言ってね。

だけど、安倍さんになったら、〝万里《ばんり》の長城《ちょうじょう》〟（巨大防潮堤《きょだいぼうちょうてい》）をつくり始めたりとかして、あっちに行ったり、こっちに行ったりしてますけどね。

まあ、「一時的な景気をどうするか」という考えと、あと、「社会保障をどうするか」という問題と、これを両立できる者がいたら、その人が政権を取れるでしょうけどね。

里村　はい。

小泉純一郎守護霊　うーん。これがないんじゃないの。

だから本当は、日本社会の、何て言うか、社会崩壊《ほうかい》が問題なんだろうと思うんだけどね。例えば、「ワーキング・プア」とか、NHKが言い出したようなことも、たいてい、原因のことは、ほとんど報道されてないでしょう。

本当は、「離婚《りこん》とかがあって、母子家庭になって、そういう生活保護を受けながら、いい仕事、職が探せない」とか、まあ、そんなようなことなんだろうけど。だいたい、そこのところは、どちらかというと、隠《かく》してやってるわねえ。

里村　なるほど。

小泉純一郎守護霊　それで、夫婦《ふうふ》で助け合わないし、親子で助け合わない関係ができてきて、親捨て、子捨て？　最近、「親捨て」のことを言う宗教学者が出てきたりもしてるみたいだけどね。

だから、そういう、「社会の絆《きずな》の部分が崩壊してきてるのを、国家で面倒《めんどう》見ろ」ということでしょう？　これは、共産主義社会と何が違《ちが》うのか、さっぱり分からないあれですねえ。子供を産むのでも、「共産主義」というのは、社会が面倒見るっていうね？

里村　はい。

小泉純一郎守護霊　親じゃないし、家庭じゃない。家庭なんて意味がなくて、子供は全部預けて。ね？「大人は工場で働け」と。そして、「子供は預けて、国家が養えばいい」っていう、そんな考えじゃない？　ちょっと、それのほうに、もう近いよな。

だから、これは、もう共産主義社会に入ってこようとしてるよな。社会福祉をやってるうちに、だんだん……。これは、左翼を封《ふう》じ込めるために出たのが、だんだん、共産主義社会の理想と一緒になってきつつあるから。

長寿《ちょうじゅ》の先の「ビジョン」が見えなくなってきている日本

小泉純一郎守護霊　だから、これを止める力が……。「これが何によって止められるのか」っていうことだね。

これだけ聞くと、（社会福祉が）「共産主義の暴力革命と結びつかない」のよね。「暴力革命でも政権を取るみたいな思想」と、「子供の面倒を見る、あるいは、要は、収入の低い人たちの面倒を見るって言ってる救済の思想」とが、一緒に見えないわけよね。

暴力革命というのは、「貧困の原因は、たらふく食ってるやつら、権力者、富裕《ふゆう》階級がいるから、そうなっとるんで、焼き討《う》ちをかけてでもいいから、その財産を奪《うば》って倒せ」というのが、そのもとなんだろう？　その暴力革命のところを、今、国税庁が代わりにやってくれたり……。

里村　確かに。

小泉純一郎守護霊　〝年金庁〟（日本年金機構）がやってくれたり、いろいろしてくれてるわけなんでしょうから。

だから、その先のビジョンが、もう見えなくなってきてるね。うーん……。どうするの？　本当に百歳《さい》まで生きたほうが幸福なの？　子供から憎《にく》まれて、社会から嫌《いや》がられながら、百歳まで生きたほうが本当にいいの？　「百歳まで生きて、ＮＨＫの受信料を払《はら》ってくれない人たちのために、もっともっと金を使え」って、ＮＨＫが言い続ける社会が本当にいいの？

そのへん、もうちょっと考え方を整理しないといけないわな。

里村　訴《うった》えていかないと駄目《だめ》なんですね。その「怖《こわ》さ」というか、みんな「いい」と思っているけれども……。

小泉純一郎守護霊　うん。だから、寿命《じゅみょう》が延びたのは事実だ。だけど、それは、医《い》療《りょう》、そして、薬の発展、それから、社会の面倒見がよくなったからでしょう？

昔は、「貧乏《びんぼう》だったら、どうしたか」っていうと、栄養失調で死ぬ。ね？　栄養失調になったり、やっぱり、寿命が短かったよ、貧乏はね。

里村　はい。そうです。

小泉純一郎守護霊　だけど、寿命を延ばすように、全部、努力してる。「寿命を延ばしたら、いったい、どういういいことがあるのか」についての答えがないわけよ。

里村　うーん。

小泉純一郎守護霊　それで、あるとしたら、「この世しか命がない」と思えば、「ちょっとでも長く生きたい」っていう気持ちはあるわねえ。
だから、君らは、イスラム教を、もっともっと吸収して、「死んだら、あの世では、もう酒が小川みたいになって流れてて、コップで飲めば、良質のワインで、美女がいっぱい侍《はべ》っていて……」。

里村　（笑）

小泉純一郎守護霊　「そんなにワーワー、角《つの》を立てて暴《あば》れるような奥《おく》さんじゃなくて、もう、みんな、永遠の処女で待ってて、自由になって、天国そのもので、死ねばいいことばっかりだ」っていうキャンペーンでも、張って、張って、張りまくるしかないんじゃないか？

里村　いや、総理、それは、あの世でもバラマキになってしまいますので……（苦笑）。

小泉純一郎守護霊　あっ、そうか。

里村　はい。私どもは、正当に、「この世とあの世を貫《つらぬ》く幸福」というところを伝えていきたいと思います。

小泉純一郎守護霊　うーん。

10 「安倍《あべ》さんがいちばん恐《おそ》れているもの」とは？

「マイナス金利で本当にいいのか」が分かっていない？

里村　もう時間も来ているのですけれども、改めまして、最後に日本人に対して、「未来へのイノベーションとして、どう変わるべきか」というメッセージをお願いしたいと思います。

小泉純一郎守護霊　いや、安倍《あべ》さんはねえ、だから、本当は……。

本当のことを言ってやろうか？　本当のことを言ったらな、安倍さんは、コチョコチョ、コチョコチョ探《さぐ》る、姑息《こそく》なことをやってるけど、本当に恐《おそ》れてるのは……。

やっぱり、「経済」がよく分かんないから、あの人は。私みたいに「経済」は勉強してないから、彼は分からないから。本当に恐れてるのは、「一千兆円を超《こ》えて財政赤字になったときに、これから、本当に破産っていうのがあるんだろうか」ということ、これを彼は分からないわけよ。

里村　ほお……。

小泉純一郎守護霊　本当に「国家破産」っていうのがあって、「国家破産宣言なんていうのをしたら、いったい、どんなことが起きるんだろうか」っていうことが、彼には分からないので、この恐怖《きょうふ》が潜在《せんざい》的にあるわけ。

里村　あるんですか。

小泉純一郎守護霊　うん。だから、知らないから、コチョコチョ、コチョコチョ、財政出動してみたり、ばら撒《ま》いたり、いろいろしてるんですよ。彼にはあるんです。それが分からないから。いったい、どういうことなのか。

里村　腰《こし》の据《す》わらなさは、そこが……。

小泉純一郎守護霊　そう、分からないんです。

里村　ほお……。

小泉純一郎守護霊　「国家の財政破綻《はたん》」っていうのは、いったい、どういうことになるのかが、実際、彼には分からないんですね。

だから、チョコチョコ、チョコチョコ、調整してるんですよ。

里村　はい。

綾織　それは、最終的には、もう国民が、「国債《こくさい》は信用できない」と思ったら、そこで終わりということになりますね。

小泉純一郎守護霊　うん。まあ、ちょっと危ないのは、危ないわねえ。

綾織　うーん。

小泉純一郎守護霊　要するに、彼がいちばん恐れてるのは、「自分がアベノミクスをやって、大恐慌を起こす」ということ。これが、彼のいちばんの悪夢なんですよ。

里村　ああ……。

小泉純一郎守護霊　実は、「それが大失敗で、大恐慌のもと、世界恐慌をつくっちゃった」みたいなのが、いちばん怖《こわ》いんでしょうね。

綾織　それをG7《ジーセブン》（日本・アメリカ・イギリス・ドイツ・フランス・イタリア・カナダの七カ国によるサミット）で自《みずか》ら発言されています。

小泉純一郎守護霊　そう言ってるわけなんだけど、周りの人が分かってくれないから。

綾織　はい。

2016年5月に開催された第42回先進国首脳会議（伊勢志《いせし》摩《ま》サミット・上写真）の議長記者会見で、安倍首相は、「世界経済の成長率は、昨年、リーマンショック以来最低を記録した」「最も懸念されることは世界経済の収縮」と発言した。

里村　ああ、あれは、では……。

綾織　「日本発」なんですね（笑）。

小泉純一郎守護霊　そう、「日本発の大恐慌」を、本当はいちばん恐れてるんですよ。

里村　サミットでも、心の奥底《おくそこ》から、つい、恐怖心が出てしまったわけですね。

小泉純一郎守護霊　そうなんです。本当は感じてるんですよ。「どんどん、どんどん増えていくなあ」と、自分でも思ってるんですよ。

里村　はあ……。

小泉純一郎守護霊　「国土強靱《きょうじん》化法」なんて言うけど、金はどんどん出ていくし、「あんな、金利ゼロにして、マイナス金利にまでして、本当にこれでいいんだろうか」っていうことは、やっぱり、思ってはいる。「マイナス金利だと成長しなくなるんじゃないか」と（笑）、自分でも思ってはいるんだけど……。

里村　はあ……。

小泉純一郎守護霊　デフレから脱却《だっきゃく》するのに、マイナス金利を実施《じっし》する。本当にこれでいいんだろうか。経済が分かんないから、もう本当にいいのかどうか分からないの。誰《だれ》かに教えてほしいところで。

そういう気分をつくってくれれば、それに乗るけど、結局、最終責任を取れないんだよ。分からないんですよ。答えは分からない。

ただ、自分の任期をいっぱいいっぱい延ばして、やれたらいいなと思ってる。このあたりだな。

里村　なるほど。

「財政破綻《はたん》が来たら、君たちの時代がやってくる」

綾織　そういうものは、ブッ壊《こわ》したほうがいいということですね。

小泉純一郎守護霊　だから、「アベノミクスで、一千兆を超える財政赤字をさらに拡大して、日本の〝ご臨終《りんじゅう》宣言〟をなされば、いいですよ」と攻《せ》めればいいんじゃないですか？

里村　そのときに、もう一度、小泉総理がお仕事をされると……。

小泉純一郎守護霊　そのとき……、いやいや、私じゃなくて、それは、あんたがたがね。

里村　ああ、われわれが……。はい。分かりました。

小泉純一郎守護霊　大川隆法先生が、「諸行《しょぎょう》は無常《むじょう》である」と。「諸行無常、諸法無《しょほうむ》我《が》、涅槃寂静《ねはんじゃくじょう》。仏教に戻《もど》りましょう。一円もなくても、人間は生きていけるんですよ。お金持ちのところの玄関《げんかん》に立って、托鉢《たくはつ》をしながら生きていく時代を、もう一回、やり直しましょう」と。

仏教の時代がやってくるそのときに、幸福の科学が、幸福実現党を通して政権が取れるときだね。

里村　なるほど。新しい国づくりですか？

小泉純一郎守護霊　だから、君らはね、財政破綻《はたん》が来たら、君たちの時代がやってくる。

里村　なるほど。

小泉純一郎守護霊　だから、成功したら、ない。君らの時代はない。

里村　困りましたね、破綻しないと出番がないというのは（苦笑）。

小泉純一郎守護霊　破綻すれば、君たち、もう〝仏教路線〟しかないですよ。仏教か老荘《ろうそう》で行くしか、もう方法ないもん。

里村　なるほど。ただ……。

綾織　（笑）幸福の科学は「発展の考え方」も強いですので……。

小泉純一郎守護霊　それは、もうバブルかもしれない。気をつけて。

里村　いえいえ。ただ、いずれにしても、「われわれが担《にな》わなくてはいけない時代が来ている」というのは、今、感じさせていただきました。

小泉純一郎守護霊　でも、選挙とか戦うんだと、ちょっとは刺激《しげき》が要《い》るよね。

里村　ええ。確かに。

小泉純一郎守護霊　「アベノミクスは死んだ」と。

里村　なるほど。

小泉純一郎守護霊　「日本発の世界恐慌を起こそうとしてる」と。やっぱり、この程度、ぶち込《こ》まないと、君らねえ、一議席も取れないぞ。

11　小泉元総理の過去世《かこぜ》は「剣豪《けんごう》」

信仰心《しんこうしん》のあった有名な剣豪・伊東一刀斎《いとういっとうさい》

里村　すみません、守護霊様。もう時間が来ていて、たいへん申し訳ないのですけれども、最後に一つだけお伺《うかが》いいたします。

小泉純一郎守護霊　ああ。

里村　当会の霊査《れいさ》では、「伊東一刀斎《いとういっとうさい》という方が小泉元総理の過去世《かこぜ》である」ということが言われているのですけれども、今日、お話しいただいたのは、伊東一刀斎先生でいらっしゃいますでしょうか。

小泉純一郎守護霊　そう。まあ、そういうことだろうね。

里村　あっ、それで非常に、太刀筋《たちすじ》というか、そういうものが立たれるわけですね。

小泉純一郎守護霊　うん。（刀を振《ふ》り回すしぐさをしながら）君なんか、ピシャシャシャシャーッと斬《き》ってみたいね。スパーッ！　ハッハアッ！（笑）

里村　いや、もう〝太刀〟をたくさん頂きました。

伊東〈伊藤〉一刀斎景久《かげひさ》（16～17世紀ごろ）
一刀流の始祖とされる剣豪で、修行で各地を巡って33回の戦いにすべて勝利したと言われる。江戸時代、千葉周作《ちばしゅうさく》の北辰一刀流等、さまざまな流派が隆盛した。

綾織　「仏門にも入った」という記録があるのですけれども……。

小泉純一郎守護霊　うん。まあ、信仰心《しんこうしん》はあるよ。

綾織　はい。

小泉純一郎守護霊　信仰心はある。

里村　おありなんですね？

小泉純一郎守護霊　うん、ある。

綾織　仏縁《ぶつえん》もある方でいらっしゃいますか。

小泉純一郎守護霊　まあ、古くを言えば、あるかもしらんが、ちょっと、托鉢《たくはつ》をしたような記憶《きおく》があることはあるから、あるかも。

綾織　ああ、そうですか。

里村　お釈迦《しゃか》様の時代に？

小泉純一郎守護霊　いや、そんな昔は知らない（笑）。

里村　そんな昔ではないんですね？

小泉純一郎守護霊　そんな昔は、私は知りませんけど（笑）。

里村　ああ、そうですか。

小泉純一郎守護霊　うん。何となく、ちょっと求道《ぐどう》みたいなのをしたような記憶があるなあ。坊《ぼう》さんは、したことあるんじゃないかなあ。

里村　ほお。特に、お名前は……。

小泉純一郎守護霊　まあ、そらあ、考えてないから、そういうことは、よく分からない。急には用意できんから、適当に付けといてくれや。そういう、私に似てる人がいたら、それでいいよ。

里村　（笑）ええ。ただ、まだ（ご本人が）ご存命で、地上にいらっしゃいますので、今日は、このくらいにさせていただきます。

小泉純一郎守護霊　うん。

「仏教路線の勧《すす》め」と「日本の現状」

小泉純一郎守護霊　まあ、〝仏教路線〟で行くなら、全部行っちゃえ。「中国の脅威《きょうい》、北朝鮮《きたちょうせん》の脅威、まことに、ありがたいことでございます。私たち日本国も、これで臨終《りんじゅう》を迎《むか》えることができます。ありがとうございます。どうぞ、お撃《う》ちください」って言ったらいいんだ。一円も要《い》らないわ。ハッ。

里村　今日のお言葉に従って、日本が完全に臨終のところまで行かないように、頑《がん》張《ば》っていきたいと思います。

小泉純一郎守護霊　党首が、もう、あの世に還《かえ》られてるのに、それは……。

里村　いや、還っていません（苦笑）。

小泉純一郎守護霊　えっ？

里村　還っておりません（苦笑）。

小泉純一郎守護霊　「釈《しゃく》」さんでいらっしゃる……。

里村　戒名《かいみょう》ではございませんので。

小泉純一郎守護霊　えっ？　釈、釈……。

里村　ええ。釈量子《りょうこ》でございます。

小泉純一郎守護霊　「釈何とか尼《に》」にしなきゃいけない。

里村　戒名ではございませんから。

小泉純一郎守護霊　「釈量尼」にしなきゃいけない。量尼。

里村　戒名ではございません。まだ地上で頑張っておりますので。

これからも、また何か機会がありましたら、ぜひ、ご指導のほど、よろしくお願いいたします。

小泉純一郎守護霊　うん。まあ、安倍《あべ》っていうのは、橋本《はしもと》（龍太郎《りゅうたろう》元総理）も言うし、わしも言うが、だいたい、そういう人だよ。まあ、そういう人だよ。

でも、この程度しか担《かつ》げない日本っていうのは、この程度の国なんだよ。

だから、もう一度、少し〝懲《こ》らしめたほうがいい〟かもしれないから、ちょっとは何ぞ、不幸が来たほうがいいのかもね。

そしたら、もう一回、引き締《し》まって、人間、まっとうになるかもしれないね。

里村　はい。今日は、守護霊様のお言葉として、それを承《うけたまわ》りました。本日は、まことに、ありがとうございました。

小泉純一郎守護霊　はい。

12 小泉元総理守護霊の霊言《れいげん》を終えて

「敵をつくって騒《さわ》ぐ小泉元総理」と「コーポラティズムの安倍《あべ》総理」

大川隆法　（手を二回叩《たた》く）歴代の総理に比べても、そう大きく変わるというほどでもなく、似たような感じでした。結局、私の感じたとおり、「郵政改革をものすごく大問題のように持ち上げて、大きく大きく言っていたけれども、何だったのだろう」というような感じで、やはり、よくは分からないですね。

里村　はい（笑）。

大川隆法　結局、「何か敵をつくって騒《さわ》いだ」ということのようにしか見えません。

例えば、前回（二〇一四年）の都知事選では、原発のところを敵にして、何か盛り上げようとしたのだろうし、今だったら、ほかのところを狙《ねら》うかもしれないということでしょう。この人の考えは、「何か敵をつくって、ちょっと騒いだらマスコミが報道する」というような感じでしょうか。

里村　ええ。

大川隆法　安倍《あべ》さんのほうは、それとは逆で、上手《じょうず》に抱《だ》き込《こ》んでいく包摂《ほうせつ》型のスタイルの「コーポラティズム（協調主義）」ですよね。

里村　はい、そうです。

大川隆法　完全に、コーポラティズムという「抱き込み型」でやっているように見えます。

里村　はい。

大川隆法　政治のスタイルとしては、それもありだろうとは思いますけれども、日本がイニシアチブを取ってできるものがあるかどうかが見物《みもの》ですね。

「日本は国家破産するのか」の答えを見いだせずにいる現政権

大川隆法　とりあえず、「安倍さんの恐怖心《きょうふしん》のいちばん中心には『国家破産』があるらしい」ということを言っていました。まあ、そうだろうとは思います。

要するに、税収が五十兆円あるかどうか、また、国債《こくさい》を入れて百兆円前後で、一千兆円以上の借入金《しゃくにゅうきん》がある場合、企業《きぎょう》なら潰《つぶ》れますが、「日本が潰れずにいることがありえるのだろうか」ということについては、答えが見いだせないでいるわけです。毎年、何十兆円かずつでも減っていけば気持ちはよいのでしょうが、減らないので、実際はどうしたらよいかが分からないのです。

ですから、本当は、あちらも景気がよくなって、急にバーッとすべてがよくなるのを待っているので、「上げ潮派」のようなのも、期待は同じなのではないかとは思うのですけれども、「言えないでいる」というところでしょう。

里村　ええ。

大川隆法　やや行き詰《づ》まってきた感はあるので、どこかで〝勝ち筋《すじ》〟が見えて、斬《き》り込めるところもあればいいですね。

里村　はい。しっかりと研究してまいります。ありがとうございました。

あとがき

小泉元総理は、自分が引き上げた安倍総理の「意外な活躍」に、ある意味、面白《おもしろ》くはないのであろう。原発反対を訴えて回っている姿に、「野党の党首としてでも返り咲きたいのかな。」と思うこともあれば、「オヤジがこれでは、小泉進次郎氏は消されてしまうかも?」と他人事《ひとごと》ながら若干《じゃっかん》、心配になったりもする。

諸行無常《しょぎょうむじょう》とはよく言ったものだ。小泉政権が五年以上もの長期政権を維持して、余力を残して退陣した時も驚きだったが、「ワン・フレーズ・ポリティクス」にあれほどの力があるのも想定外だった。それにしても「郵政改革」や「郵政解散」とは一体何だったのか。今もって明確な解説には出会わない。それと同時に「アベノミクス」が「アホノミクス」と揶揄《やゆ》されつつ、歴史の中に埋没《まいぼつ》していきそうな今、「消費される政治」に無常観《むじょうかん》を禁じ得ない。安倍さんもいずれ過去の人になっていくのだろう。

二〇一六年　十二月二十二日

幸福《こうふく》の科学《かがく》グループ創始者兼総裁《そうししゃけんそうさい》
幸福実現党創立者兼総裁《こうふくじつげんとうそうりつしゃけんそうさい》　大川隆法《おおかわりゅうほう》

『日本をもう一度ブッ壊す　小泉純一郎元総理守護霊メッセージ』

大川隆法著作関連書籍

『朝の来ない夜はない』（幸福の科学出版刊）

『未来へのイノベーション』（同右）

『守護霊インタビュー　都知事　舛添要一、マスコミへの反撃』（同右）

『橋本龍太郎元総理の霊言』（同右）

『北朝鮮・金正恩はなぜ「水爆実験」をしたのか』（同右）

『吉田松陰は安倍政権をどう見ているか』（幸福実現党刊）

日本《にほん》をもう一度《いちど》ブッ壊《こわ》す
小泉純一郎《こいずみじゅんいちろう》元《もと》総理《そうり》守護霊《しゅごれい》メッセージ

2017年1月12日　初版第1刷

著　者　大《おお》　川《かわ》　隆《りゅう》　法《ほう》

発　行　幸福実現党
〒107-0052 東京都港区赤坂2丁目10番8号
TEL(03)6441-0754

発　売　幸福の科学出版株式会社
〒107-0052 東京都港区赤坂2丁目10番14号
TEL(03)5573-7700
http://www.irhpress.co.jp/

印刷・製本　株式会社 堀内印刷所

落丁・乱丁本はおとりかえいたします

ISBN978-4-86395-866-1 C0030
カバー写真：時事
本文写真：共同通信社／日刊スポーツ／アフロ／時事／AFP＝時事／日本政府／Digital Globe／TTTNIS／hyolee2／首相官邸ホームページ／Indian Navy

大川隆法 霊言シリーズ・自民党の政治家たちは語る

自称〝元首〟の本心に迫る
安倍首相の守護霊霊言

幸福実現党潰しは、アベノミクスの失速隠しと、先の参院選や都知事選への恨みか？ 国民が知らない安倍首相の本音を守護霊が包み隠さず語った。

1,400 円

元自民党幹事長 加藤紘一の霊言
リベラル政治家が考える〝日本の生きる道〟

自民党の要職を歴任してきた政界のプリンスが、生前の政治家人生、「加藤の乱」の真相、現在の安倍政権、そして過去世の秘密を語る。【幸福実現党刊】

1,400 円

小渕恵三元総理の霊言
非凡なる凡人宰相の視点

増税、辺野古問題、日韓合意――。小渕元総理から見た、安倍総理の本心とは？ 穏やかな外見と謙虚な言動に隠された〝非凡な素顔〟が明らかに。【幸福実現党刊】

1,400 円

橋本龍太郎元総理の霊言
戦後政治の検証と安倍総理への直言

長期不況を招いた 90 年代の「バブル潰し」と「消費増税」を再検証するとともに、マスコミを利用して国民を欺く安倍政権を〝橋龍〟が一刀両断！

1,400 円

※表示価格は本体価格（税別）です。

天才の復活 田中角栄の霊言

田中角栄ブームが起きるなか、ついに本人が霊言で登場! 景気回復や社会保障問題など、日本を立て直す「21世紀版 日本列島改造論」を語る。【HS政経塾刊】

1,400円

自民党諸君に告ぐ 福田赳夫の霊言

経済の「天才」と言われた福田赳夫元総理が、アベノミクスや国防対策の誤りを叱り飛ばす。田中角栄のライバルが語る"日本再生の秘策"とは!?【HS政経塾刊】

1,400円

政治家が、いま、考え、なすべきこととは何か。元・総理　竹下登の霊言

消費増税、マイナンバー制、選挙制度、マスコミの現状……。「ウソを言わない政治家」だった竹下登・元総理が、現代政治の問題点を本音で語る。【幸福実現党刊】

1,400円

宮澤喜一　元総理の霊言

戦後レジームからの脱却は可能か

失われた20年を招いた「バブル潰し」。自虐史観を加速させた「宮澤談話」――。宮澤喜一元総理が、その真相と自らの胸中を語る。【幸福実現党刊】

1,400円

大川隆法ベストセラーズ・国防・原発・経済への提言

未来へのイノベーション
新しい日本を創る幸福実現革命

マイナス金利で、アベノミクスは危険領域に入った!? 経済の低迷や国防の危機に直面する日本に、正しい価値観の樹立による「幸福への選択」を提言。

1,500円

資本主義の未来
来たるべき時代の「新しい経済学」

なぜ、ゼロ金利なのに日本経済は成長しないのか? マルクス経済学も近代経済学も通用しなくなった今、「未来型資本主義」の原理を提唱する!

2,000円

天使は見捨てない
福島の震災復興と日本の未来

「原発問題」を発展的に解決する方法はある。東日本大震災で被災された人々の心を救い、福島に復興からの発展をもたらす答えが示された一冊。

1,500円

真の平和に向けて
沖縄の未来と日本の国家戦略

著者自らが辺野古を視察し、基地移設反対派の問題点を指摘。戦後70年、先の大戦を総決算し、「二度目の冷戦」から国を護る決意と鎮魂の一書。

1,500円

幸福の科学出版

大川隆法ベストセラーズ・幸福実現党の目指すもの

幸福実現党宣言

この国の未来をデザインする

政治と宗教の真なる関係、「日本国憲法」を改正すべき理由など、日本が世界を牽引するために必要な、国家運営のあるべき姿を指し示す。

1,600円

政治革命家・大川隆法

幸福実現党の父

未来が見える。嘘をつかない。タブーに挑戦する――。政治の問題を鋭く指摘し、具体的な打開策を唱える幸福実現党の魅力が分かる万人必読の書。

1,400円

宗教立国の精神

この国に精神的主柱を

なぜ国家には宗教が必要なのか? 政教分離をどう考えるべきか? 宗教が政治活動に進出するにあたっての決意を表明する。

2,000円

※表示価格は本体価格(税別)です。

大川隆法シリーズ・新刊

映画「君の名は。」メガヒットの秘密
新海誠監督の
クリエイティブの源泉に迫る

緻密な風景描写と純粋な心情表現が共感を誘う「新海ワールド」――。その世界観、美的感覚、そして監督自身の本心に迫る守護霊インタビュー。

1,400円

経営戦略の転換点
危機を乗りこえる経営者の心得

豪華装丁
函入り

経営者は、何を「選び」、何を「捨て」、そして何を「見抜く」べきか。〝超〟乱気流時代を生き抜く経営マインドと戦略ビジョンを示した一冊。

10,000円

守護霊メッセージ
女優・芦川よしみ
演技する心

芸能界で40年以上活躍しつづけるベテラン女優の「プロフェッショナル演技論」。表現者としての「心の練り方」「技術の磨き方」を特別講義。

1,400円

大川隆法「法シリーズ」・**最新刊**

伝道の法

法シリーズ
第23作

人生の「真実」に目覚める時

人生の悩みや苦しみは
どうしたら解決できるのか。
世界の争いや憎しみは
どうしたらなくなるのか。
ここに、ほんとうの「答え」がある。

2,000円

第１章　心の時代を生きる ── 人生を黄金に変える「心の力」
第２章　魅力ある人となるためには ── 批判する人をもファンに変える力
第３章　人類幸福化の原点 ── 宗教心、信仰心は、なぜ大事なのか
第４章　時代を変える奇跡の力 ── 危機の時代を乗り越える「宗教」と「政治」
第５章　慈悲の力に目覚めるためには ── 一人でも多くの人に愛の心を届けたい
第６章　信じられる世界へ ── あなたにも、世界を幸福に変える「光」がある

幸福の科学出版